मोहब्बत कर के देखो ना...

मोहब्बत कर के देखो ना...

फ़रहत एहसास

चयन और संकलन

संजीव सराफ़
सालिम सलीम

BOOKS राजकमल प्रकाशन

रेख़्ता बुक्स
बी–37, सेक्टर – 1, नोएडा
उत्तर प्रदेश – 201301

contact@rekhta.org | www.rekhtabooks.com
www.rajkamalprakashan.com

प्रथम संस्करण : 2019
पुनर्मुद्रण : 2023

ISBN : 978–81–939681–9–2
मूल्य : ₹ 220

मोहब्बत कर के देखो ना...
फ़रहत एहसास

संकलन : संजीव सराफ़, सालिम सलीम

मुद्रक : ज़ाविया प्रिंट, नई दिल्ली

आवरण एवं पुस्तक सज्जा
कपिल भारद्वाज, रेख़्ता

कबीर और मीर
की
आदमी–गरी
के नाम

इ'लाज अपना कराते फिर रहे हो जाने किस किस से
मोहब्बत करके देखो ना मोहब्बत क्यूँ नहीं करते

अपना बयान
हुस्न–ए–तबीअ'त नहीं मुझे

बात मुझ तक रहती तो ये किताब शायद कभी न छपती, या कम से कम अभी तो नहीं। इस से पहले भी जो कुछ छपा है, मेरी सरगर्म आमादगी से नहीं, बल्कि किसी न किसी अ'ज़ीज़, दोस्त की हाकिमाना[1] मोहब्बत या मुहिब्बाना[2] अख़्तियार[3] के तहत, इस तरह मुम्किन हुआ है कि इसे मेरे, अपने ज़ाहिर न होने पर इस्रार[4] की कशिश–ए–सुक़्ल[5] के दाएरे से बाहर ले जा कर अ'मल में लाया गया है।

मुझे जिस ने शे'र कहने की सलाहियत[6] दी है, जो अब तक़रीबन चौबीस घंटे सरगर्म रहती है, शायद उसी ने शे'र कहने के बा'द इस से ला–तअ'ल्लुक़ हो जाने का मिज़ाज भी दिया है। शे'र होते ही, वो और मैं एक दूसरे के लिए ग़ैर हो जोते हैं। शे'र लिख लेने के बा'द अक्सर कई कई दिन या कभी कभी महीनों उसे पलट कर देखने का जी नहीं करता।

गाहे–ब–गाहे[7] मुशाइ'रे में मज्बूरन या अपनी सी महफ़िल हो तो ब–रज़ा–ओ–रग़बत[8] शरीक हो जाता हूँ, बेशतर[9] एक फ़र्ज़–ए–किफ़ाया[10] की अदाएगी के लिए। हाँ, कभी कभी शे'र सुनाने को जी करता है, यूहीं सरशारी[11] के आ'लम[12] में, तो ख़ुशक़िस्मती से अब कम–अज़–कम देहली में, ऐसे शाइ'री–गिरफ़्ता[13], ख़ुश–विज्दान[14] और ज़िन्दा–कलाम नौजवानों और उस के अ'लावा थियेटर और मौसीक़ी वग़ैरा में सरगर्म बहुत से अंगारा–ज़हनों और

1 अधिकार–संपन्न 2 प्रेमपूर्ण 3 अधिकार 4 ज़ोर देना 5 गुरुत्वाकर्षण शक्ति 6 क्षमता 7 कभी कभी 8 अपनी मर्ज़ी से 9 अधिकतर 10 दूसरों की ओर से अदा किया जाने वाला कर्तव्य 11 बहुत ज़ियादा आनंद 12 हालत 13 शाइ'री के जकड़े हुए 14 सुंदर अंतर्बोध

शरारा–दिलों की एक पूरी जमाअ'त मौजूद है, जिस की समाअ'तें[15] मेरी इस ख़्वाहिश पर महफ़िल–नवाज़ हो जाती हैं। रहे मेरे हम–उ'म्र, तो उन में से बेशतर, बद–बख़्ती से पक्के नक़्क़ाद[16] या प्रोफ़ेसर हो चुके हैं, कि उन पर अपनी इ'ल्मियत[17] और फ़ज़्ल–ओ–कमाल[18] का इतना बोझ पड़ गया है कि उन की ज़िन्दा–ज़ौक़ी (मज़ा लेने की ज़िन्दा सलाहियत) की कमर तक़रीबन टूट चुकी है।

लेकिन लगता है बात किसी और तरफ़ जा निकली। ज़िक्र था शे'र कहने और सुपुर्द–ए–तहरीर[19] करने के बा'द उस से बेग.ाना हो जाने का, तो बात ये है कि मेरा कोई भी शे'र कभी भी हर्फ़–ए–आख़िर[20] नहीं होता, या'नी पूरी तरह बन कर ख़त्म नहीं हो जाता, बल्कि बनने और होने के अ'मल में रहता है, या'नी चाक पर ही धरा रहता है, उठा कर पक्की, तमाम–शुद[21], शक्लों की ज़ख़ीरा–गाह[22] में रखा नहीं जाता।

अब ज़ाहिर है कि इन बनती हुई, मस्नूआ'त[23] को बाज़ार भेजने का क्या जवाज[24] है। अपने शे'र के साथ तअ'ल्लुक़[25] का एक और पहलू इस की मिल्कियत[26] का है। सवाल ये है कि जो शे'र मुझ से होता है वो है किस का।

मेरे अन्दर, इस की मिल्कियत के दा'वेदार बहुत से हैं:, लफ़्ज़, उन के मा'नी, क़ब्ल–ए–लफ़्ज[27] मा'नी का ठाठें मारता समुन्दर या मा'नी–गुरेज़[28] लफ़्ज़ों का एक पूरा ख़ाना–ए–ख़ामोशी[29], तज्रबात[30], ज़बान और शे'री रिवायत[31] की जाबिराना[32] मौजूदगी और मज़ीद बहुत कुछ। इन दा'वेदारों में सब से कमज़ोर शायद 'मैं' ही हूँ, ऐसा 'मैं' जिसे पूरी तरह पहचान कर किसी एक जगह मौजूद पाना

15 सुनने की शक्ति 16 आलोचक 17 पांडित्य 18 विद्वता की पराकाष्ठा 19 लिखना 20 अंतिम बात 21 पूरी हो चुकी 22 जमा कर के रखने की जगह 23 उत्पादों 24 औचित्य 25 संबंध 26 संपत्ति 27 शब्द–पूर्व 28 अर्थ से मुंह मोड़ने वाला 29 ख़ामोशी का घर 30 अनुभव 31 काव्य–परम्परा 32 दमनकारी

आसान नहीं। लेकिन चूँकि बाहर, वक़्त और मक़ाम से बनी ठोस शक्ल में, मैं, ही नज़र आता हूँ, इस लिए अपने शे'र का मालिक या हक़दार मुझे ही समझा जाता है।

अ'क़्ल भी कहती है, और पूरे दा'वे से कहती है, कि शे'र कहते हो तो उसे दूसरों तक पहुँचाते क्यों नहीं। मुझे लगता भी है कि अ'क़्ल की बात मान लेनी चाहिए। अक्सर इरादा भी बंध जाता है कि बस हो जाए, मगर फिर अन्दर से तआ'वुन[33] न मिलने के सबब[34] खंडत पड़ जाती है। फिर भी, कोशिश जारी है, और कशाकश[35] भी।

बहरहाल, बात शुरूअ' हुई थी इस किताब की इशाअ'त[36] और उस तक पहुँचने वाले मोआ'मलात की। सो इस का मुख़्तसर[37] बयान ये कि इस बार भाई संजीव सराफ़ की दोस्ताना,बिरादराना मोहब्बत सरगर्म हुई जिस के फ़र्मान के तहत हंगामी हालात का ए'लान कर दिया गया। बरसों पुरानी बयाज़ें मेरी तहवील[38] के क़ब्रिस्तान से बरामद कर के, जीती जागती तहरीरों की शक्ल में, कम्प्यूटर पर चलने वाली उँगलियों के हवाले कर दी गईं। फिर भाई संजीव ने इन्हें अव्वल[39] से आख़िर तक पढ़ा और इन्तिख़ाब किया।

इस काम में अ'ज़ीज़ी सालिम सलीम ने भी मुआ'वनत[40] की। इस दौरान मेरी तमाम ख़ुद–गुज़ीनी[41], गुरेज़–गामी[42] और रू–नानुमाई[43] एक तरफ़ बैठी हाथ मलती रही, मोहब्बतों की इस फ़र्मा–रवाई[44] में इस के सिवा और मुम्किन भी क्या था।

अब इस इन्तिख़ाब की तय्यारी के बा'द इस के अन्तिम संस्कार या'नी छपाई के लिए भेजने की मन्ज़िल आई तो मुझ से 'अपना बयान' लिखने को कहा गया, जो इस तमाम सफ़र का मुश्किल

33 सहयोग 34 कारण 35 खींच–तान 36 प्रकाशन 37 संक्षिप्त 38 क़ब्ज़ा 39 आरंभ 40 सहयोग 41 अपने आप में रहना 42 सब से हट कर चलना 43 सब के सामने न आना 44 शासन, सत्ता

तरीन मर्हला[45] था, कि अपने बारे में सोचना, लिखना, मुझे शुऊ'र[46] और ला–शुऊ'र[47] के न जाने कितने वीरानों में बे–दस्त–ओ–पा[48] और ख़ौफ़–ज़दा[49] छोड़ देता है।

मेरे पास अपने होने के नाम पर क़यास[50], अन्दाज़ों और अन्देशों के सिवा और कुछ नहीं। उसे शे'र में, विज्दान[51] और अन्दरूनी मौसीक़ी[52] की मदद से लफ़्ज़ों की शक्ल देने की कोशिश एक बात है, अ'क़्ल, आगही[53] और मन्तिक़ी–रब्त[54] के ज़रिए ज़ब्त–ए–तहरीर[55] में लाना यक्सर अलग बात। लेकिन मेरे अन्दर, मेरे होने की एक शक्ल के तौर पर, कोई ऐसा ज़रूर है जो मुसलसल कुछ ख़ास काम, और एक ख़ास तरह से बरताव करता रहा है, जिस से गुमान गुज़रता है कि ये वही है जो मेरे होने की बेशतर नुमाइन्दगी[56] करता है।

ये मेरे होने की वही शक्ल है जो हुस्न की तलाश में दीवानावार[57] सरगर्दां[58] रहा है, एक के बा'द एक मोहब्बतें करता रहा है और शे'र कहता रहा है। इस के सिवा, इस से अलग मगर अन्दर अन्दर कहीं इस से जुड़ा हुआ मेरा एक और हिस्सा भी है जिस ने सहाफ़त[59] की, सियासत की, दुनिया को बदलने के ख़्वाब देखे, नौकरी की, शादी की, बच्चे पैदा किए, घर बनाया और चलाया। ये दोनो एक दूसरे में खुली आमद–ओ–रफ़्त[60] रखते हैं, एक दूसरे से ताक़त और रौशनी हासिल करते हैं मगर हैं एक दूसरे से अलग।

अपने अन्दर दूर तक नज़र डालता हूँ तो ज़हन के पर्दे पर दो अ'क्स बार बार उभरते हैं। एक अ'क्स है एक तीन–चार साल के बच्चे का जो स्कूल के पहले दिन ही, अपने किसी उस्ताद के करीह[61]

45 पड़ाव 46 चेतना 47 अवचेतन 48 हाथ–पाँव के बग़ैर, बेसहारा 49 डरा हुआ 50 अनुमान 51 अंतर्बोध 52 संगीत 53 ज्ञान 54 तार्किक अंतर्सबंध 55 लिखना 56 प्रतिनिधित्व 57 दीवानों की तरह 58 भटकना 59 पत्रकारिता 60 आना–जाना 61 भयावह

चेहरे से डर कर, अपने क़दम खींच लेता है और पलट कर इधर उधर धूमता फिरता है कि लौट कर घर नहीं जा सकता। ये बच्चा कई महीनों तक, कंधे पर बस्ता डाले घर से निकलता और स्कूल जाने के बजाए शह्र के बाहर खेतों और वीरानों में गुमशुदा रह कर शाम को घर आ जाता। गुम–राही, गुम–शुदगी[62] और गुम–कर्दगी[63] का ये पहला सबक़ था जो उसे हमेशा याद रहा, और उसी से उस ने दुनिया और ज़िन्दगी के बारे में बहुत सा इ'ल्म[64] और तज्रबा कशीद[65] किया।

दूसरा अ'क्स 12–13 साल के, नौ–बालिग़ी[66] से कुछ पहले की उ'म्र, के लड़के का है, जो पहली बार एक लड़की के चेहरे पर, ख़ून की दमकती ख़ुश्बू की चकाचौंध से हैरत और हसरत–ज़दा[67] है। ये हुस्न के एक मक्तब[68] की तरह खुलने, जिस्म के दिल बन कर धड़कने और इ'श्क़ की पैदाइश का लम्हा था। ये एक दुःख की बेदारी[69] का भी लम्हा था कि ये चेहरा बा'द में बार बार नई शक्लों में तजल्ली[70] करता और गुम होता रहा।

मीर तक़ी 'मीर' ने कहा है कि उन के वालिद[71] ने उन्हें इ'श्क़ करने की वसिय्यत की थी। मेरे वालिद ने ऐसी कोई वसिय्यत नहीं की। इ'श्क़ की ता'लीम तो मुझे ख़ुद मेरे दिल और फिर जिस्म ने दी, और ये पढ़ाई आज तक जारी है। मेरे वालिद ने मुझ पर एक एहसान ज़रूर किया कि मुझे हिन्दोस्तान से कटने नहीं दिया। एक ख़ास क़िस्म की मज़हबिय्यत[72] के बावजूद उन में कट्टरपन नहीं था। वो नौजवानी में मुस्लिम लीगी रहे मगर फिर भी मुझे और दीगर भाई बहनों को रामलीला दिखाने ले जाते थे।

बचपन और नौजवानी में मेरे सारे क़रीबी दोस्त ग़ैर–मुस्लिम

62 गुम होना 63 गुम करना 64 ज्ञान 65 खींचना 66 किशोरावस्था 67 अतृप्त इच्छाओं का मारा हुआ 68 पाठशाला 69 जागना 70 रौशनी 71 पिता 72 धार्मिकता

थे। अलक्ष्येंद्र तलवार, रवींद्र भल्ला और अनिल पुरी ऐसे दोस्त थे जिन की माओं को मुझे अपने बावर्चीख़ाने[73] में बिठा कर ख़ाना परोसने में कोई झिझक नहीं रही। उन के घर होने वाली पूजा–अर्चना में मुझे मज़ा आता था, कि कोई पाबन्दी नहीं थी। दूसरी जानिब अपने घर, नमाज़–रोज़े पर इसरार के सबब इन से उलझन सी होती थी। अक्सर बे–वज़ू ही नमाज़ के लिए खड़ा हो जाता था। मुझे लगता है मुझ में क़लन्दर–सूफ़ियों वाली रूह पाई जाती है।

मेरी माँ बताती थीं कि उन के नाना के कोई भाई क़लन्दराना ज़िन्दगी गुज़ारते थे, हमेशा सफ़र में रहते और साल में एक बार बहराइच आते थे, वो भी इस तरह कि ऊँट पर सवार हैं और उन के पीछे मुरीदों का एक बड़ा मज्मा' ढोल–ताशे बजाता चल रहा है। बुद्ध और कबीर की हवाएँ मेरे अन्दर शुरूअ' से ही चलने लगी थीं। बुद्ध, बहराइच और बलरामपुर की सरहद पर श्रावस्ती में मौजूद हैं और कबीर की आख़िरी आरामगाह बहराइच से 100–150 मील पर मगहर में है।

उर्दू बचपन में एक मौलवी साहब से पढ़ी और ये सिलसिला आठवीं क्लास तक चला। फिर मेरा सारा वक़्त कबीर, सूर, तुलसी, रसखान और जायसी के साथ गुज़रा। इस तरह मेरी समाअ'तों का बचपन और नौजवानी, मीर और ग़ालिब से ज़ियादा अवधी और ब्रज शाइ'री के सुरों से रौशन रहा है। मैं ने बेशतर मोहब्बत–नामे देव–नागरी लिपि में लिखे। उर्दू शाइ'री की तरफ़ तो मैं बहुत बा'द में, मुस्लिम युनिवर्सिटी पहुँचने पर आया। घर में शाइ'री का माहौल दूर दूर तक नहीं था।

रिश्ते के एक चचा ज़रूर शाइ'री करते थे मगर वो भी

73 रसोई घर

रूखी–फीकी। फिर उन से कोई ऐसा क़रीबी तअ'ल्लुक़ नहीं था। सो शाइ'री मेरे बाहर कहीं नहीं थी, जो भी थी अन्दर ही रही होगी जो एक दिन अचानक एक झमाके से ज़ाहिर हुई। 1967 की गर्मियों में, जब मेरा दूसरा बाक़ाएदा इ'श्क़ चल रहा था, यूँ ही बैठे बैठे दो बराबर के मिस्रे' ज़ह्न में कौंदे और मेरी ख़ुशी और हैरत की हद न रही। ये एहसास कि मुझ में कुछ बज रहा है जो लफ़्ज़ों में ढाला जा सकता है, मेरे लिए एक ऐसा इन्किशाफ़[74] था जिस का सिलसिला आज तक जारी है।

ऊपर मक्तब से भागे हुए जिस बच्चे का ज़िक्र आया है, वो उ'म्र की 67वीं मन्ज़िल पर भी यूँ ही भागा हुआ है कि अब दुनिया, समाज, सियासत और मज़बह हर जगह मौजूद वो करीह चेहरा करीह–तर होता जा रहा है और इस बच्चे की वहशत और दहशत बढ़ती जा रही है। ऊपर से थोपे गए ख़ुदा/ख़ुदाओं से झगड़ा तो बहुत पहले हो गया था, उन से तर्क–ए–तअ'ल्लुक़[75] अब हुआ है और मुकम्मल हुआ है। सो अब आप का 'एहसास' ख़ुदा के हरम[76] से लड़ कर उस के दैर में आ बैठा है जो उस की पनाहगाह भी है, अध्यात्मिक जंग का मैदान भी। रहा दिल तो अपने नादीदा मा'शूक़ के लिए धड़के चला जा रहा है, और जिस्म है कि आगोश–ए–मौत से पहले आग़ोश–ए–यार में मरने को बेक़रार है।

फ़रहत एहसास
नई दिल्ली

74 प्रकट होना 75 संबंध टूटना 76 मस्जिद

फ़ेह्‌रिस्त

ख़ाक है मेरा बदन ख़ाक ही उस का होगा
दोनों मिल जाएँ तो क्या ज़ोर का सहरा होगा

फिर मिरा जिस्म मिरी जाँ से जुदा है देखो
तुम ने टाँका जो लगाया था वो कच्चा होगा

तुम को रोने से बहुत साफ़ हुई हैं आँखें
जो भी अब सामने आएगा वो अच्छा होगा

रोज़ ये सोच के सोता हूँ कि इस रात के बा'द
अब अगर आँख खुलेगी तो सवेरा होगा

क्या बदन है कि ठहरता ही नहीं आँखों में
बस यही देखता रहता हूँ कि अब क्या होगा

दोनों का ला–शुऊ'र[1] है इतना मिला हुआ
उस ने जो पी शराब तो मुझ को नशा हुआ

1 अवचेतन

कैसा खटक रहा है तसव्वुफ़[1] के पाँव में
इक जिस्म ख़ानक़ाह[2] के दर पर पड़ा हुआ

1 अध्यात्म 2 सूफ़ियों का मठ

पैदा किया दोबारा मुझे उस के जिस्म ने
मैं जो बराए–वस्ल[1] गया था मरा हुआ

1 मिलने के लिए

दुनिया की हर नमाज़ का मुझ को मिला सवाब[1]
मस्जिद का अन्दरून है मुझ पर खुला हुआ

1 पूण्य

ये भी मिरे चराग़–ए–ख़मोशी[1] का फ़ैज़[2] है
चारों तरफ़ है शोर हवा का मचा हुआ

1 ख़ामो ी का चराग़ 2 फ़ायदा

उस ने पढ़ी नमाज़ तो मैं ने शराब पी
दोनों को, लुत्फ़ ये है, बराबर नशा हुआ

देखा नहीं कभी न मुलाक़ात ही हुई
एहसास जी का नाम है लेकिन सुना हुआ

रात को दरकार था कुछ दास्तानी[1] रंग का
हम चराग़–ए–ख़ामुशी लाए ज़बानी रंग का
1 काल्पनिक

उस ने पेशानी[1] हमें दी है ज़मीनी रंग की
और सज्दा चाहता है आस्मानी रंग का
1 माथा

गेहुँवें–पन[1] ने निकलवाया था जन्नत से हमें
जान–ए–मन अब के करेंगे इ'श्क़ धानी रंग का
1 गेहूँ जैसा होना

इ'श्क़ ने तो मेरा चेहरा ही बदल कर रख दिया
ऐसा आईना दिखाया उस ने सानी[1] रंग का
1 दूसरा

हम मोहब्बत करने वालों की ज़िदें[1] भी हैं अ'जीब
चाहिए इक वाक़िआ'[2] लेकिन कहानी रंग का
1 ज़िद (हठ) का बहु 2 घटना

शायद अब उकता गए सहरा–नवर्दी[1] से ग़ज़ाल[2]
चाहते हैं कोई वीराना मकानी रंग का
1 रेगिस्तान में घूमना 2 हिरण

फ़रहत एहसास उस की मिट्टी की समाअ'त[1] खिल उठी
शे'र जब मैं ने सुनाया तेरा पानी रंग का
1 सुनने की क्षमता

एक दम दिल में उतर जाए जो ख़न्जर आप का
फ़रहत एहसास अपना बन जाए क़लन्दर[1] आप का

1 संत, फ़क़ीर

हो के चकना–चूर फिर पुर–नूर[1] होना है मुझे
कब मिरे शीशे से टकराएगा पत्थर आप का

1 रौशनी से भरा हुआ

रक़्स[1] मेरा जिस्म चाहे जिस तसव्वुर[2] में करे
रक़्स के पेश–ए–नज़र[3] रहता है महवर[4] आप का

1 नृत्य 2 कल्पना 3 आँखों के सामने 4 नृत्य का केंद्र

सख़्त हैरत में पड़े हैं शहर भर के अह्ल–ए–वस्ल[1]
रात भर ख़ाली पड़ा रहता है बिस्तर आप का

1 मिलन वाले

भीड़ में से सर उठा कर इस क़दर मत देखिए
भीड़ वर्ना काट कर ले जाएगी सर आप का

आप तो बस एक शब आग़ोश[1] में आ जाइए
सुब्ह होने तक निकल जाएगा सब डर आप का

1 आलिंगन

मुझ को अपनी एक क़त्रा हुक्मरानी[1] चाहिए
और इस के बा'द फिर सारा समुन्दर आप का

1 सत्ता

बेचता है थोक में, तन्क़ीद[1] का बाज़ार उसे
फ़रहत एहसास अपने शे'रों में है फुटकर आप का

1 आलोचना

कुछ इधर उधर से

बरहनगी[1] पे उसे रूह की जो शर्म आई
तो अपनी ख़ाक–ए–बदन में गड़ा हुआ है कोई

1 खुलापन

कैसे जी लेते हैं लोग उस से बिछड़ कर ता–उ'म्र
हम तो बस हिज्र के इक वार में मर जाते हैं

एक के बा'द एक मज्मूआ'[1] मिरा आता रहा
और मैं शाइ'र बिचारा ग़ैर–मत्बूआ'[2] रहा

1 संग्रह 2 अप्रकाशित

डरे हुए हैं बहुत दोनों मर्कज़ी किर्दार
कि फिर से मार दिए जाएँगे कहानी में

आ'म सा इक शख़्स है ये फ़रहत एहसास आप का
इ'श्क़ ने इस को बनाया है मगर ख़ास आप का

आप तन्हाई में कब मिलते हैं कुछ तो बोलिए
ख़त्म कब होता है आईने में इज्लास[1] आप का

1 सम्मेलन

और कितना पास आऊँ मैं कि पास आ जाएँ आप
कुछ तो कहिए और कितनी दूर है पास आप का

साहिबा[1] हम को गले से भी लगा लीजे कभी
कब तलक क़दमों में ही बैठा रहे दास आप का

1 ऐ मित्र

गोश्त मेरे जिस्म का तारीक[1] हो जाता है क्यों
शाम आते ही दमक उठता है क्यों मास आप का

1 अंधेरा

वो जो हैं इक जौहरी[1] से फ़रहतुल्लह ख़ान हैं
ये लफ़ंगा जो है, वो है फ़रहत एहसास आप का

1 हीरे आदि परखने वाला

ये इ'श्क़ वो है कि जिस का नशा न उतरेगा
इस आस्मान से अब ये ख़ुदा न उतरेगा

ये रंग–ए–गिर्या[1] रहेगा जो तेरे कूचे में
इधर से कोई भी हंसता हुआ न गुज़रेगा

1 विलाप का तौर

जो तेरे पाँव फ़लक[1] पर धरे रहे यूँही
ज़मीं पे सब्ज़ा–ए–रंग–ए–हिना[2] न उतरेगा

1 आकाश 2 मेंहदी के रंग की हरियाली

लगा दिया जो उसे मेरे ख़ून–ए–नाहक़[1] ने
ज़बान–ए–शह्र[2] से अब ये मज़ा न उतरेगा

1 निर्दोष का ख़ून 2 शह्र की ज़बान

उतार लाए किसी भी ग़ुबार–ए–राह[1] का अ'क्स
अब इस क़दर भी मिरा आइना न उतरेगा

1 रास्ते की धूल

नदी पे मोह्र लगा दी शनावरी[1] ने मिरी
इस आब–ए–ख़ास[2] में अब दूसरा न उतरेगा

1 तैराकी 2 ख़ास पानी

लज़ीज़ भी है रवाँ भी बहुत मगर एहसास
मिरे गले से तिरा ज़ाएक़ा[1] न उतरेगा

1 स्वाद

बाहर की क्या याद आए घर याद नहीं आता
अब तो अपना जिस्म भी अक्सर याद नहीं आता

ज़ख़्मों की सारी तहरीरें[1] यक्साँ[2] लगती हैं
किस ने मारा पहला पत्थर याद नहीं आता

1 लिखावट 2 एक जैसी

कहाँ उठाया कहाँ झुकाया कहाँ कटाया था
इतने किर्दारों[1] वाला सर याद नहीं आता

1 चरित्र

रूह कहाँ की जब जिस्म–ओ–जाँ पर बन आई हो
कोई क़लन्दर[1] कोई पयम्बर[2] याद नहीं आता

1 पीर–फ़क़ीर 2 देवदूत

करते करते रक़्स[1] ठहर जाता हूँ घबरा कर
जब भी अपने रक़्स का महवर[2] याद नहीं आता

1 नृत्य 2 केन्द्रबिन्दु, धुरी

अपनी शान–ए–नुज़ूल[1] समझ में आने लगती है
जब कोई अपने से बरतर[2] याद नहीं आता

1 आने का कारण 2 बड़ा, बेहतर

क़तरे[1] ने आप अपनी शख़्सिय्यत[2] हासिल कर ली
बाग़ी को अब मुल्क–ए–समुन्दर याद नहीं आता

1 बूँदें 2 व्यक्तित्व

तुझ को तो सब याद है जान–ए–मन[1] फ़रहत एहसास
तू ही क्यों फिर आगे बढ़ कर याद नहीं आता

1 मेरी जान

कुछ इधर उधर से

जो हम ने वक़्त की चट्टान में चेहरे निकाले हैं
बहुत ईमान वालों को ये बुत–ख़ाना[1] खटकता है

1 शिवाला, मंदिर

ख़ुदा को पूजने लग जाऊँ छोड़ कर बुत को
बुतों के जैसे बदन वाला वो ख़ुदा भी तो हो

बहार उदास सी लड़की है बाहर आती नहीं
बस अपने घर में ही कपड़े बदलती रहती है

तमाम पैकर[1]–ए–बदसूरती है मर्द की ज़ात
मुझे यक़ीं है ख़ुदा मर्द हो नहीं सकता

1 आकृति

मुझ को सरशार[1] किए रखती है इक मानुस–गंध[2]
मेरा मा'शूक़ परीज़ाद[3] नहीं हो सकता

1 मस्त, परिपूर्ण 2 मनुष्य के शरीर की गंध 3 परी

तेरी आज़ादी की तहरीक हवस–कारी[1] है
बन्दा–ए–इ'श्क़ तो आज़ाद नहीं हो सकता

1 वासना लोलुपता

मैं तो बस ख़्वाब दिखा देता हूँ ता'मीरों के
किसी ता'मीर[1] की बुनियाद नहीं हो सकता

1 इ'मारत

ख़ाक के चाक का रक़्क़ास[1] है फ़रहत एहसास
चर्बा–ए–चेहरा–ए–अज्दाद[2] नहीं हो सकता

1 नृत्य करने वाला 2 पूर्वजों के चेहरे की नक़्ल

मोहब्बत का सिला[1] कार–ए–मोहब्बत[2] से नहीं मिलता
जो अफ़्साने से मिलता है हक़ीक़त से नहीं मिलता

1 बदला, फल 2 मोहब्बत का काम

मैं उस को उस के बाहर देखता हूँ सख़्त मुश्किल में
कोई भी अ'क्स[1] उस का अस्ल सूरत से नहीं मिलता

1 प्रतिबिंब

मुलाक़ात उस से अब तो बाला–बाला भी नहीं मुम्किन
छतों का सिलसिला एक उस की ही छत से नहीं मिलता

कहाँ से लाएँ इ'श्क़ इतना कि उस तक बार पाएँ हम
वो ख़ुद बैरून–ए–सहरा[1] अह्ल–ए–वहशत[2] से नहीं मिलता

1 वीराने के बाहर 2 दीवाने

कि अब दरपेश[1] रहते हैं कई अपने भी काम उस को
वो पहले की तरह अब अपने फ़रहत से नहीं मिलता

1 समक्ष

तू मुझ को जो इस शह्र में लाया नहीं होता
मैं बे–सर–ओ–सामाँ[1] कभी रुस्वा नहीं होता
1 जिस के पास कुछ न हो

कब मेरे तसव्वुर[1] में वो चेहरा नहीं होता
तन्हा तो मैं होता हूँ अकेला नहीं होता
1 कल्पना

कुछ पेड़ भी बे–फ़ैज़[1] हैं इस राहगुज़र के
कुछ धूप भी ऐसी है कि साया नहीं होता
1 बे–फ़ायदा

ख़्वाबों में जो इक शह्र बना देता है मुझ को
जब आँख खुली हो तो वो चेहरा नहीं होता

किस की है ये तस्वीर जो बनती नहीं मुझ से
मैं किस का तक़ाज़ा[1] हूँ कि पूरा नहीं होता
1 माँग, ज़रूरत

मैं शह्र में किस शख़्स को जीने की दुआ' दूँ
जीना भी तो सब के लिए अच्छा नहीं होता

सूरज का है दम गर्म मगर हम से है कम गर्म
हम धूप ही ऐसी हैं कि साया नहीं होता

दुनिया तो है इक फ़ाहिशा[1] बस खेलने की चीज़
मैं सोहबत–ए–दुनिया[2] में भी दुनिया नहीं होता
1 चरित्रहीन 2 दुनिया का साथ

तुम्हें उस से मोहब्बत है तो हिम्मत क्यों नहीं करते
किसी दिन उस के दर पे रक़्स–ए–वहशत[1] क्यों नहीं करते

1 दीवानगी में किया जाने वाला नृत्य

इ'लाज अपना कराते फिर रहे हो जाने किस किस से
मोहब्बत कर के देखो ना, मोहब्बत क्यों नहीं करते

तुम्हारे दिल पे अपना नाम लिक्खा हम ने देखा है
हमारी चीज़ फिर हम को इ'नायत[1] क्यों नहीं करते

1 प्रदान करना

मिरी दिल की तबाही की शिकायत पर कहा उस ने
तुम अपने घर की चीज़ों की हिफ़ाज़त क्यों नहीं करते

बदन बैठा है कब से कासा–ए–उम्मीद[1] की सूरत
सो दे कर वस्ल की ख़ैरात[2] रुख़्सत क्यों नहीं करते

1 उम्मीद का कटोरा 2 दान

क़यामत[1] देखने के शौक़ में हम मर मिटे तुम पर
क़यामत करने वालो अब क़यामत क्यों नहीं करते

1 प्रलय

मैं अपने साथ जज़्बों[1] की जमाअ'त[2] ले के आया हूँ
जब इतने मुक़्तदी[3] हैं तो इमामत[4] क्यों नहीं करते

1 संवेदना 2 एक साथ नमाज़ पढ़ने वालों का समूह 3 इमाम के पीछे नमाज़ पढ़ने वाले 4 सामूहिक नमाज़ की अगुवाई करना

तुम अपने होंठ आईने में देखो और फिर सोचो
कि हम सिर्फ़ एक बोसे पर क़नाअ'त[1] क्यों नहीं करते

1 संतुष्ट होना

बहुत नाराज़ है वो और उसे हम से शिकायत है
कि इस नाराज़गी की भी शिकायत क्यों नहीं करते

कभी अल्लह मियाँ पूछेंगे तब उन को बताएँगे
किसी को क्यों बताएँ हम इ'बादत[1] क्यों नहीं करते

1 तपस्या

मुरत्तब[1] कर लिया है कुल्लियात–ए–ज़ख़्म[2] अगर अपना
तो फिर एहसास जी उस की इशाअ'त[3] क्यों नहीं करते

1 संकलित 2 ज़ख़्मों का संग्रह 3 प्रकाशित

हमें बनाते हुए ख़ुद बिगड़ गया है ख़ुदा
अ'जीब लोगों की सोहबत[1] में पड़ गया है ख़ुदा
1 संगत

चली वो शिद्दत–ए–ईमान[1] की हवा–ए–ख़िज़ाँ[2]
हमारी शाख़[3]–ए–अ'क़ीदत[4] से झड़ गया है ख़ुदा
1 ईमान की उग्रता 2 पतझड़ की हवा 3 टहनी 4 भक्ति

रफ़ू[1] करे भी मोहब्बत तो किस जगह आख़िर
कि सर से पाँव तलक ही उधड़ गया है ख़ुदा
1 सिलना, टाँका लगाना

यहाँ ज़मीन से हम भी उखड़ के रह गए हैं
वहाँ जो अपने फ़लक पर उजड़ गया है ख़ुदा

ग़ज़ल नहीं है ये है बन्दगी[1] की क़ब्र एहसास
सो ख़ाक[2]–ए–बन्दगी में आ के गड़ गया है ख़ुदा
1 भक्ति 2 मिट्टी

ख़लल[1] आया न हक़ीक़त[2] में न अफ़्साना बना
मैं तो लगता है कि बेकार ही दीवाना बना

1 विघ्न 2 वास्तविकता

मार ही डाला था साहिल के मरज़ ने मुझ को
एक सैलाब अचानक ही शिफ़ा–ख़ाना[1] बना

1 चिकित्सालय

जैसे परछाईं बनाई गई हर जिस्म के साथ
उसी अन्दाज़ से हर शह्र का वीराना बना

मस्जिद–ए–जिस्म जिसे कोई नमाज़ी न मिला
वहीं इक शाम मिरी रूह का मय–ख़ाना बना

फ़रहत एहसास से आती थी सदा–ए–गिर्या[1]
आख़िर–ए–कार वो दुनिया का अ'ज़ा–ख़ाना[2] बना

1 रोने की आवाज़ 2 शोक गृह

कुछ भी न कहना कुछ भी न सुनना लफ़्ज़ में लफ़्ज़ उतरने देना
मिट्टी का ये पियाला अपने आब–ए–हयात[1] से भरने देना

1 अमृत

मैं भी महज़ इक जिस्म नहीं हूँ तुम भी महज़ इक रूह नहीं हो
जिस्म–ओ–रूह के अ'क्स को उन के आईने में उतरने देना

अपने जिस्म के आईने से हर ख़ाकी[1] चिलमन को हटा कर
सामने बैठे रहना मेरे रूह को मेरी संवरने देना

1 मिट्टी की बनी हुई

सिर्फ़ हवा–ए–मोहब्बत हूँ मैं आऊँगा और गुज़र जाऊँगा
बस इतना करना मुझ को अपने अन्दर से गुज़रने देना

और किसी साहिल पर जा कर उभरूँगा एक और बदन में
मिट्टी छोड़ रहा हूँ मैं मुझ को दरिया में उतरने देना

तेज़ हवा–ए–तग़ाफुल[1] हो तुम मैं हूँ गर्द–ओ–ग़ुबार–ए–मोहब्बत[2]
ख़ूब मज़ा आएगा मुझ को सामने अपने बिखरने देना

1 उपेक्षा की हवा 2 इ'श्क़ की धूल मिट्टी

इस एहसास को मत उलझाना किसी भी बह्स–ए–फ़ना–ओ–बक़ा[1] में
जीना चाहे तो जीने देना मरना चाहे तो मरने देना

1 होने और न होने की तकरार

हमें अपने ही जैसा दूसरा होने का वक़्त आया
मोहब्बत आई और ख़ुद से जुदा[1] होने का वक़्त आया

1 अलग

उठा वो वक़्त–ए–आराइश[1] कि महफ़िल होने वाली है
फिर उस के आ'शिक़ों के आइना होने का वक़्त आया

1 सजने संवरने का समय

मोअज़्ज़िन[1] ने अज़ाँ दी और वो बुत निकला ख़ुदा बन कर
ख़ुदा की सब नमाज़ों के क़ज़ा[2] होने का वक़्त आया

1 अज़ान देने वाला 2 नमाज़ का वक़्त निकल जाना

जुनूँ[1] को इम्तिहाँ लेना है अब अह्ल–ए–मोहब्बत[2] का
लिबास–ए–जिस्म[3] उतारो बेहया[4] होने का वक़्त आया

1 दीवानगी, इ'श्क़ 2 मोहब्बत करने वाले 3 बदन का लिबास 4 बेशर्म

बिगड़ती जा रही हैं सारी शक्लें कितनी तेज़ी से
हमारे शह्र के क्या जाने क्या होने का वक़्त आया

ख़िज़ाँ[1] में तो पुराना–पन उतरता है दरख़्तों का
ख़िज़ाँ में तो दरख़्तों के नया होने का वक़्त आया

1 पतझड़

तुम्हारा बुत तुम्हारी बन्दगी[1] करने पे राज़ी है
तो प्यारे फ़रहत एहसास अब ख़ुदा होने का वक़्त आया

1 भक्ति

इस सलीक़े से वो मुझ में रात भर रह कर गया
शाम को बिस्तर सा खोला सुब्ह को तह कर गया

वक़्त–ए–रुख़्सत[1] था हमारे बाहर अन्दर इतना शोर
कुछ कहा था उस ने लेकिन जाने क्या कह कर गया

1 जुदा होते हुए

क़त्ल होते सब ने देखा था भरे बाज़ार में
ये न देखा ख़ूँ मिरा किस की तरफ़ बह कर गया

चाल जब भी मिल नहीं पाई ज़मीं की चाल से
कैसा कैसा सर–बुलन्द[1] आया था और ढह कर गया

1 सर ऊँचा किए हुए

डूबना ही था सो डूबा चाँद उस के वस्ल का
रात को लेकिन हमेशा की शब–ए–मह[1] कर गया

1 चाँदनी रात

सिर्फ़ मिट्टी हो के रहने में तहफ़्फ़ुज़[1] है यहाँ
जिस ने कोशिश की मकाँ होने की बस ढह कर गया

1 सुरक्षा

दुख का आईना उलट देता है हर एहसास को
ख़ुश गया उतना ही कोई जितने दुख सह कर गया

शायद मैं अपने जिस्म से बाहर निकल गया
क्यों वर्ना मेरे दिल से मिरा डर निकल गया

साहिल पे ढूँढती रही मेरी ख़ुदी मुझे
दरिया–ए–बेख़ुदी[1] मुझे ले कर निकल गया

1 मदहोशी का दरिया

अक्सर हम उस के वक़्त–ए–मुक़र्रर[1] पे मर न पाए
अक्सर हमारा वक़्त–ए–मुक़र्रर निकल गया

1 तय समय

मैं ने मकाँ को इतना सजाया कि एक दिन
तंग आ के इस मकाँ से मिरा घर निकल गया

मन्ज़र[1] वो सामने था कि आँखें थीं वज्द[2] में
फिर ऐ'न[3] वज्द में ही वो मन्ज़र निकल गया

1 दृश्य 2 आनंद 3 ठीक

जब से हम ने बाज़ुओं में ज़ोर पैदा कर लिया
जिस्म–ओ–जाँ की ख़ामुशी में शोर पैदा कर लिया

रूह में चमके अ'जब कुछ रंग इस बरसात में
हम ने भी जंगल में अपना मोर पैदा कर लिया

हो गया था जम्अ' आँखों में बहुत ख़्वाबों का माल
चश्म–ए–तर[1] की शक्ल में इक चोर पैदा कर लिया

1 भीगी आँखें

जंगलों को काट कर कैसा ग़ज़ब हम ने किया
शह्र जैसा एक आदम–ख़ोर पैदा कर लिया

मत्ला–ए'–जाँ[1] हर घड़ी रहता है अब्र–आलूद[2]–ए–शे'र
हम ने ये बादल अ'जब घनघोर पैदा कर लिया

1 जान का क्षितिज 2 बादलों से ढंका

एक खिड़की सी खुली रक्खी है दुनिया की तरफ़
इक बड़ा दरवाज़ा अपनी ओर पैदा कर लिया

हम रहे एहसास जी के हल्क़ा–ए–तद्‌रीस[1] में
अपने शे'रों में बला[2] का ज़ोर पैदा कर लिया

1 शागिर्दी 2 ग़ज़ब

दबा पड़ा है कहीं दश्त में ख़ज़ाना मिरा
तो किस तलाश में है शह्‌र में दिवाना मिरा

तमाम रात है आँखों से आँसुओं की कशीद[1]
तमाम रात खुला है शराब–ख़ाना मिरा
1 खींचना, खिंचना

ये मेरी रूह का झगड़ा था आस्मान के साथ
बिला कुसूर बदन बन गया निशाना मिरा

फ़लक के सर पे पड़े हैं मिरी ज़मीन के पाँव
मिरे सिरहाने से ऊँचा है पाएताना मिरा

तो आओ अह्‌ल–ए–जहाँ[1] इस पे फ़ैस्ला कर लें
मकान सारा तुम्हारा दुरून–ए–ख़ाना[2] मिरा
1 दुनिया वाले 2 घर का भीतरी हिस्सा

कहाँ का इ'श्क़ हवस तक भी हो नहीं सकती
यही रहेगा जो अन्दाज़ साहिबाना मिरा

बिखेरनी है जिसे ज़ुल्फ़ उस का इस्तिक़बाल[1]
वबाल–ए–शह्‌र[2] से ख़ाली है एक शाना[3] मिरा
1 स्वागत 2 शह्‌र की मुसीबत 3 कंधा

ख़ुद अपने आप में है सारी मेरी आमद–ओ–रफ़्त[1]
कहीं से आना न अब है कहीं भी जाना मिरा
1 आना जाना

मैं ख़ूब फ़ाक़ा[1] न करता तो मर गया होता
मिरे ख़िलाफ़ सफ़–आरा[2] था आब–ओ–दाना[3] मिरा

1 भूखा रहना 2 पंक्तिबद्ध 3 अन्न–जल

कहीं मिरे किसी लम्हे से फिर हुई कोई चूक
फिर आते आते कहीं रह गया ज़माना मिरा

ख़ुद अपने आप पे मेरी गिरिफ़्त[1] खुलती गई
और उंगलियों से फिसलता रहा ज़माना मिरा

1 पकड़

ईमाँ का लुत्फ़ पहलू–ए–तश्कीक[1] में मिला
ये चाँद जब मिला शब–ए–तारीक[2] में मिला

1 संशय का सानिध्य 2 अँधेरी रात

बरसों रहा हूँ कासा–ए–तन्हाई[1] हो के मैं
इक दिन हुज़ूर–ए–यार[2] मुझे भीक में मिला

1 तन्हाई का भिक्षा–पात्र 2 महबूब का मिलन

हल्का सा इक लबों का इशारा ही था बहुत
फिर जो मिला मुझे इसी तहरीक[1] में मिला

1 हलचल, आँदोलन

ज़ीना[1] मिरी बुलन्दी–ए–दर्जात[2] का बना
तुझ को जो ये मज़ा मिरी तज़्हीक[3] में मिला

1 सीढ़ी 2 स्तर की ऊँचाई 3 अपमान करना, हंसी उड़ाना

खाया था किस के हाथ से एहसास जी ने पान
ख़ून–ए–बदन सब उस की बस इक पीक में मिला

जो इ'श्क़ चाहता है वो होना नहीं है आज
ख़ुद को बहाल करना है खोना नहीं है आज

आँखों ने देखते ही उसे ग़ुल[1] मचा दिया
तय तो यही हुआ था कि रोना नहीं है आज

1 शोर

ये रात अह्ल–ए–हिज्र[1] के ख़्वाबों की रात है
क़िस्सा तमाम करना है सोना नहीं है आज

1 विरह में जीने वाले

जो अपने घर में है वो है बाज़ार में नहीं
होना किसी का शहर में होना नहीं है आज

फिर तिफ़्ल–ए–दिल[1] है दौलत–ए–दुनिया पे गिर्या–बार[2]
और मेरे पास कोई खिलोना नहीं है आज

1 बच्चे जैसा दिल 2 रोता हुआ

इस तरह आता हूँ बाज़ारों के बीच
जैसे नींद आ जाए बेदारों[1] के बीच

1 जागे हुए

मैं मुसलसल मुल्तवी[1] होता हुआ
हर घड़ी हर गाम[2] तय्यारों के बीच

1 स्थगित 2 क़दम

लड़खड़ाने लगती हैं साँसें मिरी
हर नफ़स[1] हर हाल[2] हमवारों[3] के बीच

1 साँस 2 स्थिति, अवस्था 3 हमेशा एक ही तरह रहने वाले

याद सहरा की हुजूम–ए–शह्र[1] में
ज़िन्दगी का ख़्वाब बीमारों के बीच

1 शह्र की भीड़

ख़ुद–ब–ख़ुद बन्द–ए–क़बा[1] खुलते हुए
हैरत–ए–इक़रार[2] इन्कारों के बीच

1 पोशाक के बंधन 2 राज़ी हो जाने पर हैरत

हम ख़ुद अफ़साने के बाहर हो गए
मर ही जाते ऐसे किर्दारों के बीच

हम अ'लम–बर्दार[1] अपने जह्ल[2] के
मक्तबों[3] के इ'ल्म–बर्दारों[4] के बीच

1 झंडा उठाने वाले 2 अज्ञान 3 विद्यालय 4 ज्ञान का दिखावा करने वाले

फ़रहत एहसास आ गया या बज़्म में
सादगी आई है हुश्यारों के बीच

कुछ इधर उधर से

ये पहला इ'श्क़ नहीं था न था ये पहला विसाल
मगर वो दोनों बदन बदहवास[1] आए बहुत

1 घबराए हुए

जिस को कहते हुए तक्लीफ़ बहुत होती है
मेरे उस शे'र की ता'रीफ़ बहुत होती है

होने ही वाला था किसी बुत[1] से मिरा विसाल[2]
कमबख़्त इक मुबल्लिग़–ए–इस्लाम[3] आ गया

1 मूर्ति, मा'शूक़ 2 मिलन 3 इस्लाम का प्रचारक

वही पानी जो नहलाता है उस ख़ुश्बू–बदन को
नमाज़ों के लिए उस से वज़ू[1] हम ने किया है

1 नमाज़ के लिए बदन का पाक करना

मुशाइ'रे नज़र आते हैं मंडियों की तरह
बुलाए जाते हैं हम जिन में रंडियों की तरह

ये एहतिमाम तो सारा है माल–ओ–शोहरत का
लगाए जाते हैं अश्आ'र झंडियों की तरह

फिर अब के धोके से मारा गया पितामा–ए–इ'श्क़[1]
दिखा के हुस्न बदन का शिखंडियों की तरह

1 इ'श्क़ का पितामह

लिबास–ए–जिस्म तो है मुस्तक़िल[1] लिबास–ए–अ'दम[2]
वजूद को तो पहनते हैं बंडियों की तरह

1 हमेशा के लिए 2 न होना

हवस के मारे हुए लोग मारते हैं हमें
मोहब्बतों के तराज़ू की डंडियों की तरह

तुम्हें लगाएँगे इक ज़र्ब–ए–इन्किसार[1] कि बस
कभी जो सामने आए घमंडियों की तरह

1 विनम्रता की चोट

आँसुओं का एक हल्क़ा[1] खींच कर
बुत बना बैठा हूँ सदमा[2] खींच कर

1 घेरा 2 दुख

एक कर डाला है सब माज़ी–ओ–हाल[1]
वक़्त की डोरी को थोड़ा खींच कर

1 अतीत और वर्तमान

प्यास को बहला रहा हूँ देर से
रेत पर तस्वीर–ए–दरिया खींच कर

मुल्तवी[1] करते रहे हम मौत को
इक ज़रा साँसों को उल्टा खींच कर

1 स्थगित

जल्द ले जा यार मुस्तक़बिल[1] मिरे
हाल[2] से सारा गुज़िश्ता[3] खींच कर

1 भविष्य 2 वर्तमान 3 अतीत

बन्द कर देता हूँ मिट्टी के किवाड़
इक ज़रा सा आब–ए–ताज़ा[1] खींच कर

1 ताज़ा पानी

ला मिरी पहचान वापस कर मुझे
वर्ना दूँगा ख़ाली चेहरा खींच कर

मैं भी मिट्टी की तरह मज़बूत हूँ
देख ले सारा ज़माना खींच कर

आख़िर–ए–कार अपनी आँखें बन्द कीं
एक सर्द आह–ए–तमाशा[1] खींच कर

1 तमाशे पर ठंडी आह भरी

फ़रहत एहसास एक मक़्नातीस[1] है
ले गया है जाने क्या क्या खींच कर

1 चुंबक

करनी पड़ेगी जिस्म से पहचान जान कर
तू क्या करेगी मुझ को मिरी जान जान कर

वो देखता है यूँ मिरी आराइश–ए–बदन[1]
करता हूँ चाक ख़ुद को गरेबान जान कर

1 बदन की सजावट

अल्लह मियाँ के साथ था मुल्लाओं का हुजूम
ला–हौल[1] पढ़ दिया उन्हें शैतान जान कर

1 शैतान को भगाने का मंत्र

दरिया ने पार उतार दी कश्ती मिरी मगर
मुझ को डुबो दिया मिरा सामान जान कर

तौहीद[1] पर जो ज़ोर दिया हम ने इ'श्क़ में
बुत डर के भागे हम को मुसलमान जान कर

1 एक ख़ुदा पर विश्वास होना

मौत मेरा इक ज़रा सा काम कर
ज़िन्दगी की धूप में कुछ शाम कर

ले ये चादर ख़ुदकुशी की ख़ुद पे डाल
ज़िन्दगी कुछ दिन ज़रा आराम कर

ले के आता हूँ मैं अपनी वह्इ–ए–जिस्म[1]
तू फ़राहम[2] रूह का इल्हाम[3] कर

1 जिस्म का संदेश 2 उपलब्ध 3 ख़ुदा की तरफ़ से दिल में आई हुई बात

रुख़ तरक़्क़ी का पलट दे मेरे जिस्म
वर्ना मर जाएगा ख़ुद को ख़ाम[1] कर

1 कच्चा, अपरिपक्व

जिस्म फिर ख़ुद ही क़लन्दर[1] बन गया
रूह के दामन को कुछ दिन थाम कर

1 फ़क़ीर, सूफ़ी, पीर

धज्जियाँ कर जा के का'बे का ग़िलाफ़[1]
धज्जियों को जामा–ए–एहराम[2] कर

1 ढकने का कपड़ा 2 बग़ैर सिला लिबास जो हज के लिए पहनना ज़रूरी है

फ़रहत एहसास अपनी तेग़–ए–अम्न[1] से
फ़रहतुल्लाहों का क़त्ल–ए–आ'म[2] कर

1 शान्ति की तल्वार 2 नर–संहार

ख़ाना–साज़[1] उजाला मार
चाँद पे अपना भाला मार

1 घर में बना हुआ

नूर का दरिया फूट पड़े
हिज्र[1] का ऐसा नाला[2] मार

1 जुदाई 2 फ़रयाद, रोना

रास्ता पानी माँगता है
अपने पाँव का छाला मार

ख़ास को रंग–ए–आ'म[1] दिखा
अदनाई[2] से आ'ला[3] मार

1 आम रंग 2 छोटापन 3 बड़ा

छोड़ ये ज़िल्लत[1] दश्त[2] को चल
शह्र के घर को ताला मार

1 अपमान 2 वीराना

रूह भी सर हो जाएगी
पहले बदन का पाला मार

देर न कर फ़रहत एहसास
मार सफ़ेद पे काला मार

कैसे इन्सान हैं हम रीढ़ की हड्डी के बग़ैर
लिए फिरती हैं हवाएँ हमें मर्ज़ी के बग़ैर

ठीक आता नहीं मुझ पर कोई दुनिया का लिबास
आस्माँ वाले मिरी नाप के दर्ज़ी के बग़ैर

कोई अ'त्तार[1] दवा ही नहीं देता हम को
ऐ तबीब–ए–मरज़–ए–जाँ[2] तिरी पर्ची के बग़ैर

1 दवा बेचने वाला 2 जान के रोग का इ'लाज करने वाला

मैं वही हूँ कि बना बैठा हूँ कोहसार–ए–वजूद[1]
तू ने भेजा था जिसे ज़र्रा–ए–हस्ती[2] के बग़ैर

1 अस्तितव का पहाड़ 2 अस्तित्व का कण

साहिल–ए–इ'श्क़[1] से आगे नहीं जाने का बदन
पार करना है ये दरिया तुम्हें कश्ती के बग़ैर

1 इ'श्क़ के दरिया का कनारा

मुझ पे खुलता ही नहीं हुस्न मिरे होने का
अपने आईने से इक अ'क्स[1] की चोरी के बग़ैर

1 बिंब

हक़[1] भी बातिल[2] सा नज़र आता है उस महफ़िल में
कभी ना–वक़्त चला जाऊँ जो मस्ती के बग़ैर

1 सच्चाई 2 झूठ

न रहा दश्त[1] तो जीना मिरा ना–मुम्किन है
ज़िन्दा रहना कोई मुश्किल नहीं बस्ती के बग़ैर

1 जंगल

ज़ुल्म तेरा, तिरा इक तर्ज़[1]–ए–मोहब्बत भी तो था
ख़ुश रहूँ कैसे भला मैं तिरी सख़्ती के बग़ैर

1 शैली

फ़रहत एहसास कोई यूँही नहीं हो जाता
अर्ज़–ए–तन्हाई[1] में इस तख़्त–नशीनी[2] के बग़ैर

1 तन्हाई की ज़मीन 2 राज्य–अभिषेक

रात बहुत शराब पी रात बहुत पढ़ी नमाज़
एक वज़ू[1] में हो गई मुझ से कई कई नमाज़

1 नमाज़ के लिए जिस्म को पाक करना

तुम तो अज़ान[1] दे के यार जाने कहाँ चले गए
मस्जिद–ए–जिस्म[2] क्या बताए कैसे पढ़ी गई नमाज़

1 नमाज़ पढ़ने के लिए बुलाने वाली आवाज़ 2 जिस्म की मस्जिद

मैं भी बहुत नशे में था नश्शे में था इमाम भी
उस ने भी जाने क्या पढ़ाई मैं ने भी क्या पढ़ी नमाज़

बुतकदा[1] था कि मयकदा[2] साक़ी था बुत कि था ख़ुदा
सुब्ह रहा न कुछ भी याद रात बहुत पढ़ी नमाज़

1 शिवाला, मंदिर 2 शराब–ख़ाना

कौन सुनाएगा मुझे मेरी अज़ान की अज़ान
कौन पढ़ाएगा मुझे मेरी नमाज़ की नमाज़

ये भी कोई मरज़[1] है क्या चल दिए फिर नमाज़ को
पढ़ के तो आए थे हुज़ूर आप अभी अभी नमाज़

1 रोग

जैसे कि एक ही ग़ज़ल होती है सारी उ'म्र में
वैसे ही सारी उ'म्र में होती है एक ही नमाज़

किसी को कैसे दिखाऊँ मैं अपनी रात के खेल
जो मेरी ज़ात[1] में होते हैं कायनात[2] के खेल

1 अपना होना 2 ब्रहमांड

गुनाह इतने बढ़ाए कि पुल ही तोड़ दिया
पुल–ए–सिरात[1] से खेले पुल–ए–सिरात के खेल

1 एक पुल का नाम जिस से गुज़र कर जन्नत तक पहुँचना होता है

खिलाड़ी हम हैं मगर खेलता है और कोई
हमारे हाथ में कब हैं हमारे हात[1] के खेल

1 हाथ

हम इस बिसात[1] पे उल्टी तरफ़ से बैठे हैं
हमारे हाथ में आए हैं सारे मात[2] के खेल

1 वो तख़्ता जिस पर शतरंज खेलते हैं 2 हार

हम अपने ख़ूँ की रवानी में शे'र लिखते हैं
उधर वो खेल रहे हैं क़लम दवात के खेल

बदन बचाओ कि अब के बदन की बारी है
कि रूह खेल चुकी अपने सब निजात[1] के खेल

1 मोक्ष

ये लोग मौत से इतने डरे हुए हैं कि बस
कोई सिखाए कहाँ तक इन्हें हयात[1] के खेल

1 ज़िन्दगी

इ'श्क़ में कितने हज़ार–इम्कान[1] हो जाते हैं हम
इक बदन होते हुए दो जान हो जाते हैं हम

1 संभावना

इक नई तहज़ीब[1] ले कर आने वाला है जुनूँ
उस के इस्तिक़बाल[2] में वीरान हो जाते हैं हम

1 सभ्यता 2 आव–भगत

सारी गिर्हें[1] खोल देता है ये आब–ए–ख़ुश–विसाल[2]
इ'श्क़ कर के किस क़दर आसान हो जाते हैं हम

1 गाँठें 2 अच्छा मिलन

तू नमक की कान[1] है और हम तिरे गन्दुम[2] की फ़स्ल
तू फ़राहम[3] कर नमक और नान[4] हो जाते हैं हम

1 खान 2 गेहूँ 3 उपलब्ध 4 रोटी

दश्त–ए–दुनिया[1] का सफ़र आसान कर देता है इ'श्क़
क्यूँकि इस में बे–सर–ओ–सामान[2] हो जाते हैं हम

1 दुनिया का जंगल 2 कुछ भी पास न होना

साहिब–ए–ख़ाना[1] बना आता है जब आता है इ'श्क़
और अपने घर में ख़ुद मेहमान हो जाते हैं हम

1 घर का मालिक

अपनी आग़ोश–ए–रवाँ[1] में ग़ुस्ल[2] कर लेने दे यार
ग़ुस्ल कर के इक नए इन्सान हो जाते हैं हम

1 खुली बाँहें, आलिंगन 2 नहाना

उस की आँखों के इशारे करते रहते हैं रक़म[1]
धीरे धीरे साहब–ए–दीवान[2] हो जाते हैं हम

1 लिखना 2 शाइ'री की किताब के रचयिता

कुछ इधर उधर से

इस गुमाँ[1] में हैं कि कट जाएगी ये शह्र की भीड़
हम जो तन्हाई की तल्वार लिए फिरते हैं

1 भ्रम

हम घर बनाना चाहते थे घर नहीं बना
और घर के नाम पर दर–ओ–दीवार हैं बहुत

ख़ालिस[1] कोई अ'क़ीदा[2] मिरे काम का नहीं
ईमान–ओ–कुफ़्र एक में इक साथ चाहिए

1 अस्ली 2 आस्था

वो चाहते हैं ख़ुदा हो तो क़ैद–ए–मज़हब में
मैं चाहता हूँ ख़ुदा ग़ैर–मज़हबी[1] हो जाए

1 अधर्मी

तुम सोने चांदी की कान और लोहा–लक्कड़ हम
तुम वज्ह–ए–आराइश–ए–दुनिया[1] अंगड़–बंगड़ हम
1 दुनिया के संवरने का कारण

तुम निकलो तो फूल खिलें हम निकलें तो मुरझाएँ
तुम बाग़ों की बाद–ए–बहारी[1] लू के झक्कड़[2] हम
1 बसन्ती हवा 2 झोंका

बाग़–ए–बिहिश्त[1] को ठोकर मारी इ'श्क़ किया भरपूर
हव्वा[2] देख वही तेरे कल वाले फक्कड़ हम
1 जन्नत का बाग़ 2 आदम की पत्नी का नाम, दुनिया की पहली स्त्री

हम हैं कहाँ के क्यों आए हैं करना है क्या काम
दुनिया के बाज़ार में गुमसुम महा–भुलक्कड़ हम

होश में आने मत देना वर्ना मर जाएँगे
तुम नश्शे का सर–चश्मा[1] और एक पियक्कड़ हम
1 उद्गम

ये एहसास मियाँ अन्दर से बिलकुल बच्चे हैं
साथ में उन के खेल रहे हैं अक्कड़ बक्कड़ हम

कभी थे हमसफ़र राह–ए–मोहब्बत[1] में ख़ुदा और हम
ख़ुदा अब आस्माँ पर है ज़मीं पर हैं हवा और हम

1 मोहब्बत का रास्ता

ग़ज़ल उस ने मुकम्मल ही न होने दी कि मुद्दत से
बस इक शे'र और उस के नाम का इक क़ाफ़िया और हम

अब इतनी शर्म है तुझ को जो खुल कर बात करने से
करेंगे रात भर बातें तिरे बन्द–ए–क़बा[1] और हम

1 लिबास की गाँठ, बटन

मोहब्बत छोड़ कर तुम जाओ दुनिया के मज़े लूटो
समझ लेंगे बस आपस में मोहब्बत की बला और हम

वही ज़ख़्मी बदन है और वही टूटा हुआ दिल है
वही उस की गली और आ'शिक़ी की इब्तिदा[1] और हम

1 शुरूआ'त

उसे रौनक़[1] दिखाएँ हम भी अपनी बेवफ़ाई की
किसी महफ़िल में मिल जाएँ अगर वो बेवफ़ा और हम

1 चमक–दमक

सब अपने रू–ब–रू[1] हैं गुफ़्तुगू करता नहीं कोई
तुम्हारा आइना और तुम हमारा आइना और हम

1 आमने–सामने

हमारे मयकदे[1] में आख़िर–ए–शब[2] का समाँ देखो
नमाज़–ए–फ़ज्र[3] है और हैं नशे में धुत ख़ुदा और हम

1 शराब–ख़ाना 2 रात का अन्तिम पहर 3 सूर्योदय से पहले की नमाज़

कुछ इधर उधर से

काफ़िर नहीं हम ऐसे जैसे हैं अह्ल–ए–ईमाँ
कुछ रौशनी मिली तो इस्लाम भी करेंगे

बिछड़ के उस से बहुत दिन में ये खुला मुझ पर
कि ये तो अस्ल[1] में ख़ुद से ही थी जुदाई मिरी

1 वास्तव

बहुत रोता है नापाकी[1] पे अपनी शहर का दरिया
तो हम पानी में एक आँसू का कतरा[2] डाल देते हैं

1 अपवित्रता 2 बूंद

तो फिर उस से कहा हम ने कि अब कपड़े पहन लो
कि आँखों को बला की रौशनी लगने लगी थी

रास्ता दे ऐ हुजूम–ए–शह्र[1] घर जाएँगे हम
और तेरे दर्मियाँ[2] ठहरे तो मर जाएँगे हम
1 शह्र की भीड़ 2 बीच

ख़ुश–ख़िराम[1] आँखों में उस का अ'क्स उतरता ही नहीं
अब के उस के पास ले कर चश्म–ए–तर[2] जाएँगे हम
1 अच्छी चाल वाला 2 भीगी आँख

वो नहीं तो धूल ही मिल जाए उस के पाँव की
उस गली में अब के बन कर रहगुज़र[1] जाएँगे हम
1 रास्ता

शायद उस दहलीज़ पर रक्खा हो अब भी वो चराग़
वापसी की राह में फिर उस के घर जाएँगे हम

उ'म्र भर पढ़ते रहेंगे इक यही अख़बार–ए–हुस्न[1]
और सारे सानिहों[2] से बे–ख़बर जाएँगे हम
1 सुंदरता का अख़बार 2 विपदाएँ

जिस्म का कूज़ा[1] है अपना और न ये दरिया–ए–जाँ[2]
जो लगा लेगा लबों से उस में भर जाएँगे हम
1 प्याला 2 जान का दरिया

इ'श्क़ ने रोज़–ए–अज़ल[1] ही कर दिया था फ़ैस्ला
फिर कहाँ दुनिया के कहने से सुधर जाएँगे हम
1 आदिकाल

फ़रहत एहसास अपने शागिर्दों[1] में शामिल कर हमें
वर्ना इस दुनिया से यूँही बेहुनर जाएँगे हम

1 शिष्यों

कुछ इधर उधर से

कितनी मौतें आ नहीं पाईं मुक़र्रर[1] वक़्त पर
कितनी ज़िन्दगियाँ इसी ताख़ीर से ही ज़िन्दा हैं

1 तय

ये तिरी बज़्म–ए–बदन यूँ तो नहीं चल सकती
एक शब ही के लिए इस की निज़ामत[1] मुझे दे

1 संचालन

लगा सका न कहीं भी ये कारख़ाना–ए–शह्र
बचा के ले गई हम को हमारी बे–हुनरी

देखते बादल से बारिश तक सफ़र तक्लीफ़ का
तुम मिरी आँखें अगर रोने से पहले देखते

इ'श्क़ के काम को अन्जाम नहीं करते हम
इ'श्क़ हो जाए तो फिर काम नहीं करते हम

ऐसे लम्हों में वो करता है अ'ता[1] ख़िल्अ'त[2]–ए–वस्ल[3]
जब कोई ख़्वाहिश–ए–इन्आ'म[4] नहीं करते हम
1 प्रदान करना 2 सम्मान देने वाला लिबास 3 मिलन 4 पुरस्कार की अपेक्षा

पूजते पूजते इक बुत को ख़ुदा कर डाला
कौन कहता है कि इस्लाम[1] नहीं करते हम
1 एक धर्म का नाम जिसे मुसलमान मानते हैं

आप का जिस्म शरीअ'त[1] का है पाबन्द बहुत
जाइए आप पे इल्हाम[2] नहीं करते हम
1 जीने का इस्लामी तरीक़ा 2 ख़ुदा की तरफ़ से दिया जाने वाला ज्ञान

देवताओं को लड़ाते नहीं आपस में कभी
कृष्ण करते हैं तो फिर राम नहीं करते हम

बर्हना[1] ही हरम–ए–जिस्म[2] का करते हैं तवाफ़[3]
रूह की गर्दिश–ए–एहराम[4] नहीं करते हम
1 नंगे 2 जिस्म का का'बा 3 परिक्रमा 4 एक तरह का धार्मिक लिबास पहन कर चक्कर काटना

उस के दीदार का सूरज निकल आए जिस रोज़
सुब्ह से फिर तलब–ए–शाम[1] नहीं करते हम
1 शाम का तक़ाज़ा/माँग

फ़रहत एहसास तुझे शाइ'री करने के लिए
उल्टा–सीधा तिरा क्या काम नहीं करते हम

कुछ इधर उधर से

मैं अपने ख़ून से कब तक लिखूँगा ख़त उस को
कि अब तो सूखती जाती है रौशनाई मिरी

पहलू में ज़िन्दगी मिरी मौत मिरी निगाह में
दोनों ये बहनें एक साथ अब हैं मिरे निकाह[1] में

1 विवाह–बंधन

ज़माने भर के मीठे बोल रख दो एक जानिब[1]
न ठहरेंगे तुम्हारी एक गाली के बराबर

1 ओर

इ'श्क़ में पहला बोसा[1] होता है आग़ाज़–ए–हयात[2]
दूसरे बोसे के पहले मर जाना होता है

1 चुंबन 2 जीने की शुरूआ'त

मैं कुफ़्र कर रहा हूँ ख़ुदा से डरे बग़ैर
जन्नत कहाँ मिलेगी जहन्नुम भरे बग़ैर

खोलते हैं ज़ुल्फ़ उस की पूरी हुश्यारी से हम
फिर उलझते जाते हैं ख़ौफ़–ए–गिरफ़्तारी[1] से हम
1 पकड़े जाने के डर से

कौन होली खेलता है इतनी बेदर्दी के साथ
हैं लहू से तर किसी नादीदा[1] पिचकारी से हम
1 अदृश्य

पेड़–पौदे जानवर बन कर लगे खाने हमें
गोश्त–ख़ोरी[1] पर उतर आए जो तरकारी से हम
1 गोश्त खाना

उस की आग़ोश–ए–मसीहाई[1] से उठते हैं तो यूँ
जैसे उठते हों किसी इक सख़्त बीमारी से हम
1 दुखों को दूर करने वाली गोद

अब किसी का मेरी तन्हाई में आना है मुहाल[1]
ख़ुद को भी अक्सर झिड़क देते हैं बेज़ारी[2] से हम
1 मुश्किल 2 उकताहट

शुक्रिया तेरा हमें बाज़ार से घर कर दिया
वर्ना तुझ से तो मिले थे सख़्त बाज़ारी से हम

फ़रहत एहसासा गया हम को तसव्वुर[1] आप का
क्या निजी अन्दर से हैं बाहर के सरकारी से हम
1 कल्पना

जितने दरिया हैं समुन्दर की तरफ़ खुलते हैं
हम भी दरिया हैं पर अन्दर की तरफ़ खुलते हैं

हुज्रा–ए–ज़ख़्म[1] से बाहर की कोई राह नहीं
कुछ दरीचे[2] हैं जो अन्दर की तरफ़ खुलते हैं
1 घाव की कुटिया 2 खिड़कियाँ

शाख़–ए–दुनिया[1] पे बस इक फूल है चेहरा उस का
दिल भी अक्सर उसी मन्ज़र की तरफ़ खुलते हैं
1 दुनिया की टहनी

सारे सहराओं पे दरवाज़ा है तन्हाई मिरी
सारे वीराने मिरे घर की तरफ़ खुलते हैं

ख़ून की धार को मा'लूम है मन्ज़िल अपनी
सब गले अपने ही ख़न्जर की तरफ़ खुलते हैं

सब की मिट्टी में हैं कुछ रास्ते अन्दर अन्दर
जो कहीं दूर समुन्दर की तरफ़ खुलते हैं

वो दिन भी आए कि हम ये अ'जीब खाना खाएँ
अमीर खाना पकाएँ ग़रीब खाना खाएँ

वो शब कहाँ कि खुले उस बदन का दस्तरख़्वान[1]
और उस के साथ में हम ख़ुश–नसीब[2] खाना खाएँ

1 कपड़े आदि का टुकड़ा जिस पर खाना खाते हैं 2 भाग्यशाली

हम अह्ल–ए–इ'श्क़ दुकान–ए–हवस[1] पे जाएँ न क्यों
जब उस की दा'वत–ए–दिल[2] में रक़ीब[3] खाना खाएँ

1 वासना की दुकान 2 दिल की दा'वत 3 मा'शूक़ के दूसरे आ'शिक़

तमाम शह्र है फ़ाक़े[1] से और ग़ज़ब देखो
अमीर–ए–शह्र[2] और उस के हबीब[3] खाना खाएँ

1 भूखा 2 शासक 3 दोस्त

कोई तो आए जो नक़्क़ाद[1] का वलीमा[2] कराए
कि एक दिन तो ये शाइ'र–अदीब[3] खाना खाएँ

1 आलोचक 2 शादी के बा'द दूल्हे की ओर से दी जाने वाली दा'वत 3 कवि और साहित्यकार

यही है इ'श्क़ कि जब गुल[1] करें शिकम–सेरी[2]
तो उस के दूसरे दिन अ'न्दलीब[3] खाना खाएँ

1 फूल 2 पेट भर कर खाना 3 बुलबुल

पैकर–ए–अ'क़्ल[1] तिरे होश ठिकाने लग जाएँ
तेरे पीछे भी जो हम जैसे दिवाने लग जाएँ
1 बुद्धि से परिपूर्ण मूर्ति

उस का मन्सूबा[1] ये लगता है गली में उस की
हम युँही ख़ाक उड़ाने में ठिकाने लग जाएँ
1 योजना

सोच किस काम की रह जाएगी तेरी ये बहार
इस ख़िज़ाँ में भी अगर हम तुझे पाने लग जाएँ

सब के जैसी न बना ज़ुल्फ़ कि हम सादा–निगाह[1]
तेरे धोके में किसी और के शाने लग जाएँ
1 जिस की आँखों में चालाकी न हो

रात भर रोता हूँ इतना कि अ'जब क्या इस में
ढेर फूलों के अगर मेरे सिरहाने लग जाएँ

दश्त करना है हमें शह्र के इस गोशे[1] को
तो चलो काम पे हम सारे दिवाने लग जाएँ
1 कोना

फ़रहत एहसास अब ऐसा भी इक आहँग[1] कि लोग
सुन के अश्आ'र तिरे नाचने गाने लग जाएँ
1 संगीत, धुन

न ये मुम्किन[1] कि अपने दर्द को तहलील[2] कर दूँ
न ये मुम्किन कि उस बेदर्द को तब्दील[3] कर दूँ
1 संभव 2 विलीन 3 बदलना

मैं आँखों में इक ऐसी नींद लाना चाहता हूँ
जिसे देखूँ उसे इक ख़्वाब में तब्दील कर दूँ

ये सारा शह्र आप अपनी हवा में ही बिखर जाए
अगर अपनी तरफ़ से मैं ज़रा सी ढील कर दूँ

मुझे तन्हाई ने इतना ज़ियादा कर दिया है
जहाँ चाहूँ वहीं इक अन्जुमन[1] तश्कील[2] कर दूँ
1 महफ़िल 2 बनाना

मिरे बस में नहीं है वर्ना ता–रोज़–ए–क़यामत[1]
मैं इस दुनिया के दफ़्तर में अभी ता'तील[2] कर दूँ
1 क़यामत तक 2 छुट्टी

अभी मस[1] ही हुए हैं तेरे होंठों से मिरे होंठ
इजाज़त हो तो इस इज्माल[2] की तफ़्सील[3] कर दूँ
1 हल्का स्पर्श 2 संक्षेप 3 विस्तार, व्याख्या

ख़िलाफ़–ए–गर्दिश–ए–मा'मूल[1] होना चाहता हूँ
मदद कर शह्र, ना–मक़्बूल[2] होना चाहता हूँ
1 जैसा होता रहा उस के विपरीत 2 अलोकप्रिय

चलो अपनी तरफ़ से बन्द कर लो मेरी आँखें
मैं अपने आप में मश्ग़ूल[1] होना चाहता हूँ
1 व्यस्त

तिरे क़दमों पे रख दी देख ये दस्तार[1] मैं ने
कि अपने आप से मा'ज़ूल[2] होना चाहता हूँ
1 पगड़ी 2 अपदस्थ

मैं रहना चाहता हूँ तेरे दामन से लिपट कर
सो तेरे रास्ते की धूल होना चाहता हूँ

सदा–ए–लम्स–ए–लब[1] दे भी कि मैं ग़ुन्चा सुख़न[2] का
बहुत दिन हो गए अब फूल होना चाहता हूँ
1 होंठों के स्पर्श की आवाज़ 2 शाइ'री की कली

तवज्जो हूँ मगर मर्कूज़[1] दुनिया पर हूँ कब से
अब आप अपनी तरफ़ मब्ज़ूल[2] होना चाहता हूँ
1 केन्द्रित 2 आना

बदन के हाथ का लिक्खा हुआ हूँ इ'श्क़–नामा[1]
और अपनी रूह को मौसूल[2] होना चाहता हूँ
1 प्रेम–पत्र 2 प्राप्त

मुझे घर भी चलाना है अब अपना फ़रहत एहसास
तो कुछ दिन के लिए मा'कूल[1] होना चाहता हूँ

1 समझदार

कुछ इधर उधर से

अब इस क़दर भी न बढ़ वहदत–उल–वजूदी[1] में
बराए–वस्ल[2] कहीं कुछ तिरे सिवा भी तो हो

1 ख़ुदा के सिवा कुछ मौजूद नहीं की आस्था 2 मिलन के लिए

मैं के तुम होने की सूरत नहीं पैदा कर पाए
हम कभी इतनी मोहब्बत नहीं पैदा कर पाए

ख़्वाब पैदा किए ता–उ'म्र पर इन ख़्वाबों से
इक ज़रा सी भी हक़ीक़त[1] नहीं पैदा कर पाए

1 सच्चाई

करती नहीं कुबूल कोई मादर–ए–ज़मीं[1]
दुनिया में फिर रहे हैं हम अपनी जड़ें लिए

1 मातृ भूमि

पहले दरिया से सहरा हो जाता हूँ
रोते रोते फिर दरिया हो जाता हूँ

तन्हाई में इक महफ़िल सी रहती है
महफ़िल में जा कर तन्हा हो जाता हूँ

उस के हुस्न के सामने तुम अपनी जानो
मैं तो बिलकुल ही अंधा हो जाता हूँ

जिस्म पे जादू कर देती है वो आग़ोश[1]
मैं धीरे धीरे बच्चा हो जाता हूँ

1 खुली बाँहें

ख़ूब जुनूँ करता हूँ जब होता हूँ दुखी
इस पागलपन में अच्छा हो जाता हूँ

ऐसी रवाँ[1] होती है वस्ल[2] में अबजद–ए–जिस्म[3]
एक अलिफ़[4] चलता हूँ या[5] हो जाता हूँ

1 जारी 2 मिलन 3 शरीर की वर्णमाला 4 उर्दू वर्णमाला का पहला अक्षर 5 उर्दू वर्णमाला आख़िरी अक्षर

ख़ाक–ए–रवाँ[1] हूँ मरता हूँ इक जानिब[2] से
दूसरी जानिब से पैदा हो जाता हूँ

1 उड़ती हुई मिट्टी 2 ओर

जाने क्या होता है शाइ'री करते वक़्त
बिलकुल फ़रहत एहसासा हो जाता हूँ

कुछ इधर उधर से

पाँव के छाले बहुत हुश्यार होते जा रहे हैं
राह के काँटे अब उन के यार होते जा रहे हैं

घर किराए–दारों के क़ब्ज़े में है सारा हमारा
हम तो बस घर के दर–ओ–दीवार होते जा रहे हैं

फ़लक[1] पर कोई नूरानी[2] ख़ला[3] होता तो मिल जाता
चलो वापस कहीं कोई ख़ुदा होता तो मिल जाता

1 आस्मान 2 रौशन, उज्जवल 3 अन्तरिक्ष

मोहब्बत रह्म खा कर जिस को ज़िन्दा छोड़ देती है
उसे मुर्दा समझ कर सारी दुनिया छोड़ देती हैं

1 मातृ भूमि

मैं बदन के अबद–आबाद[1] का बाशिन्दा[2] हूँ
कल जो था आज भी हूँ और वही आइन्दा[3] हूँ

1 हमेशा रहने वाली जगह 2 रहने वाला 3 आने वाला, भविष्य

बारिश–ए–मौत से खिल उठती है मिट्टी मेरी
इसी मिट्टी के करिश्मे के सबब[1] ज़िन्दा हूँ

1 कारण

इ'श्क़ की आग ने घर फूँक रखा है मेरा
और इसी ख़ाक[1] लगी आग में ताबिन्दा[2] हूँ

1 मिट्टी 2 चमकता

जिस्म–दर–जिस्म[1] जो दरिया–ए–तसलसुल[2] है रवाँ[3]
उसी दरिया–ए–तसलसुल का नुमाइन्दा[4] हूँ

1 एक बदन से दूसरे बदन तक 2 अविरलता की नदी 3 बहता हुआ 4 प्रतिनिधि

मौत के हाथ पे बैअ'त[1] है ज़रा सी ये हयात[2]
अपनी बैअ'त से न ख़ाइफ़[3] हूँ न शर्मिन्दा हूँ

1 किसी पीर का मुरीद या किसी के अधीन होना 2 ज़िन्दगी 3 डरा हुआ

कायनात[1] एक बड़े साज़[2] का बे–अंत आहंग[3]
मैं भी छोटा सा इस आहंग का साज़िन्दा[4] हूँ

1 ब्रहमांड 2 वाद्य यंत्र 3 संगीत, धुन 4 साज़ बजाने वाला

एक इक बुझती हुई आँख को रौशन करना
फ़रहत एहसास मैं इक ख़्वाब का कारिन्दा[1] हूँ
1 कर्मचारी

कुछ इधर उधर से

यहाँ जो रौशनी भी है अंधेरे की अ'ता[1] है
कि हर मा'लूम ना–मा'लूम से पैदा हुआ है
1 देन

मुसाफ़िर हो तो निकलो पाँव में आँखें लगा कर
किसी भी हमसफ़र[1] से रास्ता क्यों माँगते हो
1 साथ चलने वाला

वहाँ मुनाफ़ा' कमाने गए हैं अह्ल–ए–हवस[1]
हम अह्ल–ए–इ'श्क़ जहाँ से ख़सारे[2] लाते हैं
1 वासना–मय लोग 2 नुक़्सान

तू अपना दिल न बदल लेकिन इतना याद रहे
तिरे लिए कोई तब्दील होने वाला है

हवा बहुत तेज़ चल रही है मैं ख़ुद को भी तेज़ कर रहा हूँ
कि अपने अन्दर की इन्तिहाओं को और महमेज़[1] कर रहा हूँ
1 तेज़ करना

बदन हूँ मैं और बदन ज़मीं है ज़मीं में करता हूँ काश्तकारी[1]
जो मुझ को बन्जर दिया गया था मैं उस को ज़रख़ेज़[2] कर रहा हूँ
1 खेती 2 उपजाऊ

मैं ज़िन्दगी कर रहा हूँ ऐसे कि शाइ'री होती जा रही है
कि सैल–ए–मा'नी[1] को लफ़्ज़–दर–लफ़्ज़[2] अंगेज़[3] कर रहा हूँ
1 अर्थ का सैलाब 2 एक एक शब्द में 3 अन्दर जम्अ' करना

बना रहा हूँ तुझे वो कुर्सी मैं जिस पे लिखने को बैठता था
तू मुझ को तस्नीफ़[1] दे कि ख़ुद को तिरे लिए मेज़ कर रहा हूँ
1 रचना

तुझे पता भी नहीं चलेगा कि मेरा मज्ज़ूब[1] हो गया तू
मैं तेरी मिट्टी को अपने पानी में यूँ हम–आमेज़[2] कर रहा हूँ
1 विलीन होना, दीवाना 2 गूंधना

बना रहा हूँ मैं फ़रहतुल्लाह ख़ाँ के लफ़्ज़ों को फ़रहत एहसास
कहीं हो रूमी[1] कोई तो सुन ले कि ख़ुद को तबरेज़[2] कर रहा हूँ
1,2 मश्हूर सूफ़ी शाइ'र रूमी और उन के गुरू तबरेज़

रक़्स–ए–इल्हाम[1] कर रहा हूँ
मैं जिस्म–कलाम[2] कर रहा हूँ
1 सूफ़ियों का नृत्य 2 बात, शाइ'री

मेरी है जो ख़ास अपनी मिट्टी
इस ख़ास को आ'म कर रहा हूँ

इक मुश्किल–ए–सख़्त[1] आ पड़ी है
इक सुब्ह को शाम कर रहा हूँ
1 बड़ी मुश्किल

दुनिया से कहो ज़रा सा ठहरे
इस वक़्त आराम कर रहा हूँ

चुप–चाप पड़ा हुआ हूँ घर में
और शहर में नाम कर रहा हूँ

मिट्टी को पलट रहा हूँ अपनी
पुख़्ता को ख़ाम[1] कर रहा हूँ
1 कच्चा, अनगढ़

क्या काम है जानना है मुझ को
इक सिर्फ़ ये काम कर रहा हूँ

बे–रब्ती–ए–जिस्म–ओ–जाँ[1] फ़ुज़ूँ–तर[2]
तौहीन–ए–निज़ाम[3] कर रहा हूँ

1 शरीर और आत्मा के बीच बढ़ता हुआ अलगाव
2 बढ़ता हुआ ज़ियादा 3 व्यवस्था का अपमान

ख़ुश्बू–ए–ख़ुदा[1] लगा के ख़ुद पर
मज़हब को हराम कर रहा हूँ

1 ईश्वर की ख़ुश्बू

ईमान ने कुछ सुनी न मेरी
सो कुफ़्र[1] पे काम कर रहा हूँ

1 अधर्म

अल्लाह मियाँ के मश्वरे से
तर्क–ए–इस्लाम[1] कर रहा हूँ

1 इस्लाम छोड़ना

मस्जिद में खुली थी आँख मेरी
बुतख़ाने में शाम कर रहा हूँ

ऐ ज़िन्दाबाद फ़रहत एहसास
मैं तुझ को सलाम कर रहा हूँ

मैं जो भी ज़िन्दगी सी कर रहा हूँ
बदन की जी–हुज़ूरी[1] कर रहा हूँ

1 चापलूसी

ये साँसें मिल्कियत[1] तो मौत की हैं
मुझे लगता है चोरी कर रहा हूँ

1 जायदाद, संपत्ति

बदन का क्या भरोसा कब चला जाए
तभी तो इतनी जल्दी कर रहा हूँ

बहुत तारीख़ का कूड़ा है हर सम्त[1]
मैं दुनिया की सफ़ाई कर रहा हूँ

1 ओर

ख़ुदा रज़्ज़ाक़[1] है सिर्फ़ इस यक़ीं[2] पर
ये कारोबार–ए–दीनी[3] कर रहा हूँ

1 अन्नदाता 2 विश्वास 3 धर्म का कारोबार

तुम्हें क्यों आस्मानी लग रही हैं
मैं बातें तो ज़मीनी कर रहा हूँ

जो पक्का दोज़ख़ी[1] है फ़रहत एहसास
रुला कर कुछ बिहिश्ती[2] कर रहा हूँ

1 नर्क में जाने वाला 2 जिस स्वर्ग में जाना हो

मैं बिछड़ों को मिलाने जा रहा हूँ
चलो दीवार ढाने जा रहा हूँ

करोड़ों ख़ुश्क[1] लब[2] हैं साथ मेरे
समुन्दर को सुखाने जा रहा हूँ
1 सूखा 2 होंठ

मुसलसल[1] आँसुओं की फ़ौज ले कर
मैं सूरज को बुझाने जा रहा हूँ
1 लगातार

उधर कुछ लोग कब से रो रहे हैं
उन्हें ढारस बँधाने जा रहा हूँ

उधर मरहम लगा कर आ रहा हूँ
इधर मरहम लगाने जा रहा हूँ

ये दुनिया अब किसी क़ाबिल नहीं है
क़यामत[1] को बुलाने जा रहा हूँ
1 प्रलय

यहाँ मिलना मिलाना कुछ नहीं है
मगर मैं ख़ाक छाने जा रहा हूँ

जिन्हें चेहरा बदलना हो बदल लें
मैं अब पर्दा उठाने जा रहा हूँ

जहाँ जा कर कभी लौटा नहीं मैं
वहीं फिर जा के आने जा रहा हूँ

हुआ सहरा–नशीं[1] फिर फ़रहत एहसास
उसे वापस बुलाते जा रहा हूँ
1 वीराने में रहने वाला

कुछ इधर उधर से

चादर पे इक भी दाग़ नहीं क्या अ'ज़ाब[1] है
इक उ'म्र हो गई है कि हैं जस के तस पड़े
1 मुसीबत

दुनिया में ऐसा खेल का मैदाँ कहीं न था
जी ख़ुश हुआ है हश्र[1] का मैदान देख कर
1 प्रलय

कितना ख़याल है तुम्हें दिन के मुआ'मलात[1] का
तुम को हमारी रात का कोई ख़याल ही नहीं
1 काम

मेरा तो कोई शे'र किसी बह्र[1] में नहीं
जब तक हर एक बह्र मिरी लह्र में नहीं
1 छंद

जान–ए–सुख़न[1] जो है तिरे होंठों के शह्द में
ऐसी मिठास और किसी ज़ह्र में नहीं
1 शाइ'री की जान

शर्मिन्दा क्यों करे कोई सूरज की आग को
पीता हूँ मैं शराब प दोपह्र में नहीं

उ'श्शाक[1] आओ करते हैं जश्न–ए–बरहनगी[2]
सब काम पर गए हैं कोई शह्र में नहीं
1 प्रेमियो 2 नग्नता का उत्सव

ऐ नेक रूह आ कि करें जिस्म के गुनाह
अल्लाह आज कैफ़ियत–ए–क़ह्र[1] में नहीं
1 गुस्से, क्रोध की हालत

एहसास लौट आइए आप अपने के दश्त से
ऐसा है कौन दश्त जो इस शह्र में नहीं

अ'जब विसाल[1] कि तक़रीब–ए–रूनुमाई[2] नहीं
फिर ऐसा हिज्र कि जिस में कहीं जुदाई नहीं

1 मिलन 2 मुंह–दिखाई का मौक़ा'

लिबास–ए–जिस्म[1] तो मौजूद है अभी तुझ पर
बरहना[2] होना मिरी जान बेहयाई[3] नहीं

1 बदन की पोशाक 2 निर्वस्त्र 3 बेशर्मी

वो इक ग़ज़ल थी मगर रूह की ज़मीन में थी
हमारे ख़ाक–ज़दा[1] क़ाफ़ियों[2] में आई नहीं

1 धूल से अटा 2 ग़ज़ल का वो शब्द जो हर शे'र में रदीफ़ से पहले बार बार आता है

ज़ियादा दिन नहीं टिकता किसी की नौकरी में
ये दिल का तर्ज़–ए–तअ'ल्लुक़[1] है बेवफ़ाई नहीं

1 संबंध का तरीक़ा

मैं इन्तिहाओं[1] से आग़ाज़[2] कर रहा हूँ ये इ'श्क़
सो इस सफ़र में क़दम कोई इब्तिदाई[3] नहीं

1 चरम 2 आरंभ 3 आरंभिक, शुरूआती

बदन तो भीगता रहता है बारिशों में बहुत
मगर मिरी बदनिय्यत[1] अभी नहाई नहीं

1 शारीरिकता

अलग अलग ही अदा कीजिए ये दोगाना[1]
अगर नमाज़–ए–जमाअ'त[2] में हमनवाई[3] नहीं

1 दो गायकों का साथ मिलकर, दो रक्अ'त की नमाज़ 2 सामूहिक नमाज़ 3 एक आवाज़ में बोलना

न भींच यूँ कि चटख़ जाए शीशा–ए–आग़ोश[1]
गिरफ़्त[2] ढीली भी रखने में कुछ बुराई नहीं

1 खुली बाँहों का शीशा 2 पकड़े

निशिस्त–ए–ख़ाक[1] से उट्ठा नहीं कभी एहसास
वो उठ के मस्नद–ए–रूहानियत[2] से आई नहीं

1 फ़र्श पर बैठना 2 अध्यात्म की गद्दी

कुछ इधर उधर से

या मिरी आँखों में रंग–ए–बे–हयाई[1] बढ़ गया
या ये दुनिया कुछ ज़ियादा ही कमीनी हो गई

1 बेशर्मी

जाहिल मुअज़्ज़िनों[1] को कोई किस तरह बताए
जब हो नमाज़–ए–वस्ल तो कोई अज़ाँ नहीं

1 अज़ान देने वाले

मैं ने पढ़ा तहत[1] में शे'र मुझ को उठा दिया गया
जान–ए–मुशाइ'रा बना शे'र जो गा दिया गया

सब ने'मतें[1] हैं शह्र में इन्सान ही नहीं
कुछ यूँ कि जैसे ये कोई नुक़्सान ही नहीं

इक आयत[1]–ए–वजूद[2] हूँ मिट्टी के ढेर में
मेरे नुज़ूल[3] की तो कोई शान ही नहीं

1 निशन, कुरआन के वाक्य 2 अस्तित्व 3 गिरना, प्रकट होना

काबीना–ए–वजूद[1] का मैं भी हूँ इक वज़ीर
ऐसा कि मेरा कोई क़लम–दान[2] ही नहीं

1 अस्तित्व का मंत्रि–मंडल 2 विभाग, दायित्व

ये जंग अब कहाँ हो बदन में कि रूह में
गोया[1] कि इ'श्क़ का कोई मैदान ही नहीं

1 जैसे

दस्त–ए–जुनूँ[1] भी तंग हुआ दश्त–ए–इ'श्क़[2] में
अब चाक[3] क्या करूँ कि गरेबान ही नहीं

1 दीवानगी का हाथ 2 इ'श्क़ का वीराना 3 फटा होना

हैराँ हूँ अपने क़त्ल का इल्ज़ाम किस को दूँ
तौहीद[1] में तो शिर्क[2] का इम्कान[3] ही नहीं

1 एक ख़ुदा को मानना 2 ख़ुदा के सिवा भी किसी और को ख़ुदा मानना 3 संभावना

एहसास ने बुतों में ख़ुदा को किया शरीक
इस शिर्क के बग़ैर तो ईमान ही नहीं

जल्सा ये ता'ज़ियत[1] का अभी मुल्तवी[2] रखें
यूँही ज़रा सी देर को बस मर गया हूँ मैं
1 शोक व्यक्त करना 2 स्थगित

घर पर मिरे ये भीड़ युँही बेसबब[1] नहीं
मुझ को ये लग रहा है कि कुछ कर गया हूँ मैं
1 अकारण

मेरा बदन है ये कि है गोदाम रूह[1] का
ख़ाली करो मुझे कि बहुत भर गया हूँ मैं
1 आत्मा

कुछ और बेहतरी का भी इम्कान था प ख़ैर
आया था जितना उस से तो बेहतर गया हूँ मैं

वो कह रहे हैं जो हम से ख़ुदा की हम्द[1] लिखें
बताएँ कौन से किस के ख़ुदा की हम्द लिखें

1 प्रशंसा

बहुत से लड़ते–झगड़ते हुए ख़ुदाओं की हम्द
कि सब से दूर अकेले ख़ुदा की हम्द लिखें

जो आस्मान पे रह कर ज़मीं पे हुक्म चलाए
न होगा हम से कि ऐसे ख़ुदा की हम्द लिखें

ख़ुदा वो है जो मज़े दे हमें मोहब्बत के
वो हो तो ऐसे मज़े के ख़ुदा की हम्द लिखें

ख़ुदा वो है जो नशे में हमेशा धुत रक्खे
मिले तो ऐसे नशीले ख़ुदा की हम्द लिखें

ख़ुदा वो है जो बना हो हमारी मिट्टी से
तो ऐसे ख़ाक[1] के पुतले ख़ुदा की हम्द लिखें

1 मिट्टी

ख़ुदा वो है जो लगा हो हमारे पहलू से
तो जिस्म–ए–यार[1] के जैसे ख़ुदा की हम्द लिखें

1 मा'शूक़ का जिस्म

हमें दिलाओ ख़ुदा कोई जिस्म–ओ–जाँ वाला
कि जिस्म–ओ–जान लगा के ख़ुदा की हम्द लिखें

ये गोश्त–पोस्त[1] का मा'शूक़ है तो फिर एहसास
ग़ज़ब कि रूह के मारे ख़ुदा की हम्द लिखें

1 आदमी जैसा

कुछ इधर उधर से

मेरी हवा–ए–कुफ़्र[1] का सारा मज़ा चला गया
छोड़ के अपना राज–पाट जब से ख़ुदा चला गया

1 ख़ुदा को न मानने का घमंड

ख़ुद ख़ुदा घबरा के अपने कान कर लेता है बन्द
जब सदा सुनता है ऐसे ना'रा–ए–तकबीर[1] की

1 ख़ुदा सब से बड़ा है, का ना'रा

क्या कहते हो इक मुद्दत से तुम ने पीना छोड़ दिया है
इस का तो बस ये मत्लब है तुम ने जीना छोड़ दिया है

अह्ल–ए–शराब[1] झूम कर उट्ठे नमाज़ के लिए
उड़ गए मस्जिदों के होश तर्ज़–ए–अज़ाँ[2] बदल गई

1 शराब पीने वाले 2 अज़ान का तरीक़ा

हमारा ख़्वाब कुछ, कुछ और है ता'बीर[1] आँखों में
लिए फिरते हैं शायद हम ग़लत तस्वीर आँखों में

1 नतीजा

बहुत हैं तंग हम आवारगी–ए–दीद[1] से अपनी
कोई सूरत नहीं जो डाल दे ज़न्जीर आँखों में

1 नज़रों का भटकना

अ'जब मज्लिस अ'ज़ा[1] की है कि मज्मा'[2] कम नहीं होता
मुसलसल आँसुओं की है वही तक़्रीर[3] आँखों में

1 शोक 2 भीड़ 3 भाषण

मोहब्बत देखनी हो तो उन आँखों पर नज़र रक्खो
अचानक ही उभर आती है ये तहरीर[1] आँखों में

1 लिखावट

भुला बैठा हूँ सारे ख़्वाब जो कल रात देखे थे
कि मेरी सुब्ह ने कर दी बहुत ताख़ीर[1] आँखों में

1 देर

उसी से मेरे दिन के ख़्वाब को ता'बीर[1] मिलती है
मैं सारी रात करता हूँ जो कुछ ता'मीर[2] आँखों में

1 स्वप्न–फल 2 निर्माण, बनाना

कुछ इतनी ज़ोर से भींचा है आग़ोश–ए–ख़मोशी[1] ने
कि खिंच कर आ गई लफ़्ज़ों की सब तासीर[2] आँखों में

1 चुप्पी की बाँहें 2 प्रभाव, असर

ये हुस्न आया है जब से हमारी बस्ती में
हर एक अक़्ल नज़र आ रही है मस्ती में

तभी तो मेरे जुनूँ पर दबिश[1] नहीं आती
मैं शह्र में भी हूँ सहरा की सरपरस्ती[2] में
1 दबाव, कमी 2 देख–रेख

ये मेरी फ़त्ह[1] का ए'लान कैसे होने लगा
तमाम उ'म्र तो गुज़री है ख़ुद–शिकस्ती[2] में
1 जीत, विजय 2 ख़ुद को तोड़ना

हम अपने चाक पे मस्रूफ़ रहने लगते हैं
अ'जब करामतें[1] होती हैं तंग–दस्ती[2] में
1 चमत्कार 2 हाथ तंग होना, दरिद्रता

हवा–ए–राहगुज़र[1] पर फ़रेफ़्ता[2] भी है दिल
सुकूँ भी ढूँढता रहता है घर–गृहस्ती में
1 रास्ते की हवा 2 मुग्ध, आशिक़

सुना है दश्त को वापस गए जनाब एहसास
मुलाज़मत[1] से सुबुक–दोश[2] हो के बस्ती में
1 नौकरी 2 कार्यमुक्त

मिरे सुबूत बहे जा रहे हैं पानी में
किसे गवाह बनाऊँ सरा–ए–फ़ानी[1] में
1 नश्वर संसार

जो आँसुओं में नहाते रहे सो पाक रहे
नमाज़ वर्ना किसे मिल सकी जवानी में

हमीं थे ऐसे कहाँ के कि अपने घर जाते
बड़े–बड़ों ने गुज़ारी है बे–मकानी[1] में
1 बेघर–बार

ये बेकनार[1] बदन कौन पार कर पाया
बहे चले गए सब लोग इस रवानी में
1 बेअंत

कहानी ख़त्म हुई तब मुझे ख़याल आया
तिरे सिवा भी तो किर्दार[1] थे कहानी में
1 चरित्र

न चाहिए मुझे वो आस्माँ जो मेरा न हो
मैं ख़ुश हूँ अपनी ही मिट्टी की आस्मानी में

हम हैं इन्सान इस लिए लाज़िम[1] है कि मुसलसल काम करें
कोई ख़ुदा तो नहीं हैं हम जो सातवें दिन आराम करें

1 ज़रूरी

हम तो हैं बन्दे जान–ओ–बदन से आप के हुस्न के ताबे'दार[1]
आप हैं आक़ा[2] हम जैसे चाहे जितनों को ग़ुलाम करें

1 सेवक 2 मालिक

हम को तो आ'दत है रातों में जागने रोने गाने की
हम को हमारे हाल पे छोड़ें नींद न अपनी हराम करें

आप की आँखों से लफ़्ज़ों का रिज़्क़[1] उतरता है हम पर
आप जो चाहें सूखा रक्खें या बारिश इल्हाम[2] करें

1 खाना, खाद्य 2 अंतर्बोध कराना

बहुत ज़मीन बहुत आस्माँ मिलेंगे तुम्हें
प हम से ख़ाक के पुतले कहाँ मिलेंगे तुम्हें

ख़रीद लो अभी बाज़ार में नए हैं हम
कि बा'द में तो बहुत ही गराँ[1] मिलेंगे तुम्हें

1 मंहगा

अब इब्तिदा–ए–सफ़र[1] है तो जो है कह सुन लो
हम इस के बा'द न जाने कहाँ मिलेंगे तुम्हें

1 यात्रा की शुरूआ'त

जो रास्ते में मिले कोई मस्जिद–ए–वीराँ[1]
तो हम वहीं कहीं वक़्त–ए–अज़ाँ[2] मिलेंगे तुम्हें

1 सूनी मस्जिद 2 अज़ान (नमाज़ के लिए बुलाना) का वक़्त

हम इन्तिहा[1] में मिलेंगे गर इब्तिदा[2] में नहीं
नहीं वहाँ भी तो फिर दर्मियाँ[3] मिलेंगे तुम्हें

1 अंत 2 आरंभ 3 बीच

ठहर ही जाएंगे आख़िर कहीं जनाब एहसास
पर अपने शे'र में यूँही रवाँ[1] मिलेंगे तुम्हें

1 जारी, बहता हुआ

आब–ए–चश्म[1] आए और नहाऊँ मैं
कुछ पियूँ और कुछ बहाऊँ मैं

1 आँसू

आँसुओं का है इन्तिज़ार मुझे
पानी बरसे तो लहलहाऊँ मैं

मैं कि मज़दूर–ए–इ'श्क़[1] ख़ूँ में नहाऊँ
क्यों पसीने में ही नहाऊँ मैं

1 इ'श्क़ का मज़दूर

मेरे मरने पे लोग रोने लगे
उन के रोने पे क़हक़हाऊँ[1] मैं

1 ठहाका लगाना

हो गया वस्ल[1] जितना होना था
बिस्तर–ए–जिस्म[2] अब तहाऊँ[3] मैं

1 मिलन 2 बदन का बिछौना 3 सैंतना, लपेटना

वो मुझे जितना सीधी राह पे लाए
और उतना ही गुम–रहाऊँ[1] मैं

1 भटकना

साँप हूँ मैं तो ये ज़रा सा क्यों
ख़ूब ज़हराऊँ[1] अज़दहाऊँ[2] मैं

1 ज़हर से भरना 2 अजगर बनना

चाहे जितना हूँ फ़रहतुल्लह ख़ान
फ़रहत एहसास ही कहाऊँ मैं

कुछ इधर उधर से

ये सब मा'शूक़ कुछ बातें बहुत जल्दी समझते हैं
हमारी हर निगह[1] को वस्ल की अ'र्ज़ी[2] समझते हैं

1 नज़र 2 आवेदन

हमारा ज़िन्दा होना और मरना एक जैसा है
हम अपने यौम–ए–पैदाइश[1] को भी बरसी समझते हैं

1 जन्मदिन

कासा–ए–हिज्रत[1] हैं जब तक भर नहीं जाएँगे हम
चाहे जितना भी बुलाए घर नहीं जाएँगे हम

1 अपना देश त्यागने वालों का कटोरा/भिक्षा पात्र

बस यही होगा कि जीना छोड़ देंगे ता–हयात[1]
तुम न आओगे तो कोई मर नहीं जाएँगे हम

1 जीवन भर

मैं रोना चाहता हूँ ख़ूब रोना चाहता हूँ मैं
और इस के बा'द गहरी नींद सोना चाहता हूँ मैं

तिरे होंठों के सहरा में तिरी आँखों के जंगल में
जो अब तक पा चुका हूँ उस को खोना चाहता हूँ मैं

ये कच्ची मिट्टियों का ढेर अपने चाक पर रख ले
तिरी रफ़्तार का हम–रक़्स[1] होना चाहता हूँ मैं
1 साथ नाचना

तिरा साहिल[1] नज़र आने से पहले इस समुन्दर में
हवस[2] के सब सफ़ीनों[3] को डुबोना चाहता हूँ मैं
1 कनारा 2 वासना 3 नाव

कभी तो फ़स्ल[1] आएगी जहाँ में मेरे होने की
तिरी ख़ाक–ए–बदन[2] में ख़ुद को बोना चाहता हूँ मैं
1 खेती 2 बदन की मिट्टी

मिरे सारे बदन पर दूरियों की ख़ाक[1] बिखरी है
तुम्हारे साथ मिल कर ख़ुद को धोना चाहता हूँ मै
1 मिट्टी

असीर–ए–ख़ाक[1] भी हूँ ख़ाक से रिहा भी हूँ मैं
मैं जी रहा हूँ तो देखो मरा पड़ा भी हूँ मैं
1 मिट्टी का क़ैदी

मैं एक लम्हा–ए–हाज़िर[1] बिला सियाक़–ओ–सबाक़[2]
और अपने लम्हा–ए–हाज़िर का हाफ़िज़ा[3] भी हूँ मैं
1 वर्तमान 2 सन्दर्भ 3 स्मरण

मैं एक फ़र्द[1] सफ़–आरा[2] मुआ'शरे[3] के ख़िलाफ़
और एक फ़र्द में पूरा मुआ'शरा भी हूँ मैं
1 शख़्स 2 लड़ाई के लिए तय्यार 3 समाज

निकल भी आया हूँ उस कूचा–ए–तग़ाफ़ुल[1] से
और उस के दर पे बहुत सा पड़ा हुआ भी हूँ मैं
1 नज़र अन्दाज़ करने वालों की गली

मैं अपनी ख़ाक में लत–पथ पड़ा हुआ हूँ अभी
मगर न भूल कि पर्वर्दा–ए–हवा[1] भी हूँ मैं
1 हवा का पाला हुआ

किसी भी लफ़्ज़ के जैसा नहीं है लफ़्ज़ मिरा
इधर उधर से बहुत सा कहा सुना भी हूँ मैं

अगरचे ठीक से बन्दा भी मैं नहीं एहसास
मगर कभी कभी इक लम्हा–ए–ख़ुदा भी हूँ मैं

हम न प्यासे हैं न पानी के लिए आए हैं
तेरे हमराह[1] रवानी[2] के लिए आए हैं
1 साथ 2 बहाव

ओ'हदा–ए–इ'श्क़[1] से बर्ख़ास्त हम इस दुनिया में
ख़ाक की ख़ुल्द–मकानी[2] के लिए आए हैं
1 इ'श्क़ का पद 2 जन्नत का घर

महफ़िल–ए–हाल[1] में कल माज़ी[2]–ओ–मुस्तक़बिल[3] आए
और कहा मर्सिया–ख़्वानी[4] के लिए आए हैं
1 वर्तमान 2 अतीत 3 भविष्य 4 शोक–गान

क़िस्सा–गो[1], नींद नहीं आई बहुत दिन से हमें
तेरे पास एक कहानी के लिए आए हैं
1 कहानी सुनाने वाला

ज़िन्दगी चुप न करा इन को कि बेचारे ये जिस्म
चन्द दिन चर्ब–ज़बानी[1] के लिए आए हैं
1 बनावटी बातें करना

फ़रहत एहसास को ख़ामोश न होने देना
कि मियाँ सिद्क़–बयानी[1] के लिए आए हैं
1 सच बोलना

घर बनाने में तमाम अह्ल–ए–सफ़र लग गए हैं
क्या तमाशे ये सर–ए–राहगुज़र[1] लग गए हैं
1 रास्ते में

तोड़ कर बन्द–ए–क़बा[1] जिस्म उड़ा जाता है
कैसे इस ख़ाक की दीवार को पर लग गए हैं
1 पोशक के बंधन

सिर्फ़ इक तुझ से बिछड़ने का नहीं ख़ौफ़[1] हमें
साथ में अब के कई और भी डर लग गए हैं
1 डर

सब्ज़ा–ए–मुन्तज़िर[1] इस दर्जा नुमू[2] को पहुँचा
देख हम दर पे तिरे मिस्ल–ए–शजर[3] लग गए हैं
1 राह देखती हरियाली 2 बढ़ना 3 पेड़ की तरह

जश्न–ए–गिर्या[1] तो किया था मिरी आँखों ने शुरूअ'
साथ अब शह्र के सब दीदा–ए–तर[2] लग गए हैं
1 रोने का जश्न 2 भीगी आँखें

कैसी अफ़्वाह उड़ी तुझ से मिरे रिश्ते की
सब तिरे चाहने वाले मिरे घर लग गए हैं

हुस्न तो है ही नई तर्ह से आतिश–अंगेज़[1]
आइने को भी नए बर्क़–ओ–शरर[2] लग गए हैं
1 आग भड़काने वाला 2 बिजली और चिंगारी

कारख़ाना है उसी हुस्न का आ'लम[1] सारा
बस जिधर उस ने लगाया है उधर लग गए हैं

1 दुनिया

जिस की पादाश[1] में है दर–ब–दरी[2] का ये इ'ताब[3]
फिर उसी काम पे हम शह्र–बदर[4] लग गए हैं

1 सज़ा 2 भटकते रहना 3 गुस्सा 4 शह्र से निकाले हुए

फ़रहत एहसास में क्या देखा जो उस के पीछे
आँखें दिखलाते हुए अह्ल–ए–नज़र[1] लग गए हैं

1 पारखी, बुद्धिमान

बादल इस बार जो इस शह्र पे छाए हुए हैं
सब मिरे दीदा–ए–नमनाक[1] के लाए हुए हैं
1 नम आँख

रास्ते में नज़र आते हैं न पहुँचे हैं कहीं
हम किसी बीच के मन्ज़र के लुभाए हुए हैं

बदन–ए–यार[1] ये सब रंग तिरे अपने हैं
या किसी दस्त–ए–मोहब्बत[2] के लगाए हुए हैं
1 महबूब का बदन 2 मोहब्बत का हाथ

कितने समझौते हवाओं से किए बैठे हैं
जो सर–ए–राह[1] चराग़ अपने जलाए हुए हैं
1 रास्ते पर

उस के होंठों के भंवर गहरे क़यामत–ख़ेज़[1] हैं
उस के बोसों[2] में कहीं भी दूर तक साहिल[3] नहीं

1 क़यामत ढाने वाले 2 चुंबन 3 किनारा

उस से मिलना उस को छूना और मर जाना वहीं
इतना छोटा सा विसाल–ए–यार[1] भी हासिल नहीं

1 महबूब से मिलन

दो बदन थे सो वो अपनी आग का ईंधन हुए
अब हवा कोई हमारे दर्मियाँ हाइल[1] नहीं

1 रुकावट

न बच्चे जानते हैं और न माएँ जानती हैं
कि बस घर के चराग़ों को हवाएँ जानती हैं

बहुत से मुर्दा जिस्मों में भी होती है बहुत जान
इसे चिंताएँ जानें या चिताएँ जानती हैं

लिबासों के ज़बाँ होती तो उन से पूछते हम
बदन का हुस्न सिर्फ़ उस की क़बाएँ[1] जानती हैं

1 लिबास

जो है अर्धांगिनी खुलते कहाँ पूरे हम उस पर
हमें पूर्णांगिनी बस फ़ाहिशाएँ[1] जानती हैं

1 चरित्रहीन औरतें

हमारी बुत–परस्ती[1] से ख़फ़ा कितनी है मस्जिद
ये बुत–ख़ाने की बाग़ी[2] आस्थाएँ जानती हैं

1 मूर्तिपूजा 2 विद्रोही

यज़ीदी[1] या हुसैनी[2] किस तरफ़ की हैं ये रूहें[3]
बदन में होने वाली कर्बलाएँ[4] जानती हैं

1 यज़ीद को मानने वाले 2 हुसैन को मानने वाले 3 आत्माएँ 4 वो जगह जहाँ इमाम हुसैन को यज़ीद ने क़त्ल कराया

तिरा दिल यूँ अचानक बुझ गया क्यों फ़रहत एहसास
तुझे तो शह्र की सब दिल–रुबाएँ[1] जानती हैं

1 हसीनाएँ

वो महफ़िलें पुरानी अफ़्साना हो रही हैं
उस बज़्म में तो शम्एँ पर्वाना हो रही हैं

शायद कि मैं बहुत जल्द इस्लाम तर्क[1] कर दूँ
बातें जो एक बुत से रोज़ाना हो रही हैं

1 छोड़

है हद्द–ए–दिल से आगे रफ़्तार उस के ख़ूँ की
और धड़कनें भी ख़ुद से बेगाना हो रही हैं

1 दिल की सीमा 2 पराया

मैं हंस रहा हूँ सुन कर, बारे में ज़िन्दगी के
क्या जिस्म–ओ–जाँ में बातें बचकाना हो रही हैं

बाग़–ए–बदन में उस के बे–रंग–ओ–बू रहे हम
अब ख़्वाहिशें बतौर–ए–जुर्माना[1] हो रही हैं

1 जुर्माने के रूप में

मिट्टी के कान में ये क्या कह दिया हवा ने
सब ख़्वाहिशें बदन से बेगाना[1] हो रही हैं

1 पराया

इक दिन जो फ़रहत एहसास उट्ठा नमाज़ पढ़ने
देखा कि मस्जिदें भी बुतख़ाना[1] हो रही हैं

1 मंदिर, शिवाला

तमाम शह्र की ख़ातिर चमन से आते हैं
हमारे फूल किसी के बदन से आते हैं

पड़ा हूँ उस के बदन के बिदेस में कब से
मैं क्या पढ़ूँ जो ये नामे[1] वतन से आते हैं
1 पत्र

कि जैसे तपता तवा और बूँद पानी की
ज़मीं पे हम भी इसी तर्ह छन से आते हैं

हम आप–बीती सुनाते हैं सादा लफ़्ज़ों में
ये सारे शे'र हमें तर्क–ए–फ़न[1] से आते हैं
1 कला का परित्याग

ज़माने भर से है एहसास जी की चाल अलग
हर एक बज़्म में वो बद–चलन से आते हैं

महफ़िल–ए–शब[1] में जो हम अपनी हवा बाँधते हैं
रक़्स[2] में कितने ही महताब[3] अदा बाँधते हैं
1 रात की महफ़िल 2 नृत्य 3 चाँद

अब के जिस्मों में चली है वो हवा–ए–इज़्हार[1]
और खुल जाते हैं जितनी भी क़बा[2] बाँधते हैं
1 अभिव्यक्ति की हवा 2 वस्त्र

फ़र्श[1] से अ'र्श[2] तलक सब से मसावी[3] है सुलूक
आदमी के ही बराबर में ख़ुदा बाँधते हैं
1 ज़मीन 2 आस्मान 3 बराबर

ख़ौफ़–ए–जाँ[1] से नहीं जाएगा कभी जानिब–ए–शह्र[2]
हम तभी तो दिल–ए–वहशी[3] को खुला बाँधते हैं
1 जान का डर 2 शह्र की ओर 3 दीवाना दिल

'मीर' साहब का मरज़ हम को नहीं है फिर भी
उसी अत्तार[1] के लौंडे ही दवा बाँधते हैं
1 इत्र बेचने वाला

हम तो बस बाँध के रखते हैं दिल–ए–वहशी[1] को
आप जब घर से निकलते हैं तो क्या बाँधते हैं
1 दीवाना दिल

लफ़्ज़ हम से भी पुराने हैं मगर हैरत है
बाँधते जब भी हैं मज़्मून[1] नया बाँधते हैं
1 विषय

बेशतर[1] सो गए बाक़ी जो हैं बेज़ौक़–ए–समाअ'[2]
फ़रहत एहसास अब आलात–ए–ग़िना[3] बाँधते हैं
1 अक्सर लौग 2 संगीत के प्रति सुरूचि से वंचित 3 वाद्य यंत्र

कुछ इधर उधर से

आवाज़ का मकाँ भी रहता है चुप हमारा
बुनियाद[1] तो बिलाख़िर[2] तन्हाई है हमारी
1 नींव 2 आख़िरकार

अन्दर अन्दर मस्जिद की तन्हाई बढ़ती जाती है
बाहर बाहर जितने लोग नमाज़ी होते जाते हैं

इक दिल था सो वो उस की अँगूठी में लग गया
हम पास इस से क़ीमती कोई भी शय न थी

मुल्ला को दे दिया है नमाज़ों का सारा काम
ख़ुद को लगा लिया है ख़ुशू–ओ'–ख़ुज़ूअ'[1] में
1 सत्यनिष्ठा, ध्यान में

तेरे सूरज को तिरी शाम से पहचानते हैं
ज़िन्दगी हम तुझे अन्जाम से पहचानते हैं

किस क़दर धूप कमाता है यहाँ कोई उसे
रौनक़–ए–मश्ग़ला–ए–शाम[1] से पहचानते हैं

1 शाम में किये जाने वाले काम की रौनक़

इ'श्क़ वाले तो उठाते ही नहीं अपनी निगाह
हुस्न को हुस्न के अहकाम[1] से पहचानते हैं

1 आदेश

ख़ास अन्दाज़ से ख़त लिखता है वो पर्दा–नशीं[1]
हम उसे नुदरत–ए–पैग़ाम[2] से पहचानते हैं

1 पर्दे में रहने वाला 2 सन्देश का अनोखापन

कौन करता है पस–ए–पर्दा–ए–आईना[1] कलाम
अ'क्स[2] को हैरत–ए–इल्हाम[3] से पहचानते हैं

1 आइने में छुप कर 2 बिंब 3 हैरत में डालने वाला अंतर्बोध

सख़्त तक्लीफ़ उठाई है उसे जानने में
इस लिए अब उसे आराम से पहचानते हैं

सच फटे–हाल सा फिरता है गली–कूचों में
सच को अक्सर इसी अन्जाम से पहचानते हैं

मैं ने तर्दीद[1] तो भेजी थी प शाए'[2] न हुई
अह्ल–ए–शह्र[3] अब मुझे इल्ज़ाम से पहचानते हैं

1 खंडन 2 प्रकाशित 3 शह्र वाले

कैसे नक़्क़ाद[1] हैं ये, इतनी बड़ी शाइ'री को
बस रिआ'यात[2] से ईहाम[3] से पहचानते हैं

1 आलोचक 2,3 शाइ'री के अलंकार

फ़रहत एहसास कभी घर से निकलता ही नहीं
शह्र वाले उसे बस नाम से पहचानते हैं

ये ख़ूबाँ[1] शहर के हम से बहुत हुश्यारी करते हैं
हमें सादा समझ कर ख़ूब ख़ुश–गुफ़्तारी[2] करते हैं

1 हसीनाएँ 2 बात करने की कला

बड़ी मुश्किल से तोड़े हैं ये मा'मूलात–ए–हिज्र[1] आख़िर
सो इक अ'र्सा हुआ दिन में ही शब–बेदारी[2] करते हैं

1 विरह के समय की आदतें 2 रातों में जागना

नहीं पाते दर–ओ–दीवार में घर की कोई सूरत
तो हम घर के तसव्वुर[1] में दर–ओ–दीवारी करते हैं

1 कल्पना

कहानी जो कराती है वही तो हम को करना है
भला हो या बुरा हो हम तो बस किर्दारी[1] करते हैं

1 पात्र निभाना

हमें तय्यार होने की ज़रूरत ही नहीं पड़ती
कि सारी ज़िन्दगी मरने की ही तय्यारी करते हैं

तो हम क़ानून–शिकनी[1] की तरह करते हैं रात अपनी
सहर से शाम तक हर काम जब सरकारी करते हैं

1 क़ानून तोड़ना

शराबें तो कलीदें[1] हैं लहू के क़ैद–ख़ानों[2] की
सो ताले तोड़ते हैं और दरिया जारी करते हैं

1 चाबी 2 जेल, कारावास

सुना है तन्दुरुस्ती इ'श्क़ में अच्छी नहीं होती
चलो जी फ़रहत एहसास अब ज़रा बीमारी करते हैं

कुछ इधर उधर से

शे'र थे भर्ती के लेकिन क़ाफ़िए में आ गए
हम तो यूँही उस ग़ज़ल के रास्ते में आ गए

सरगर्म[1] एक साथ हैं अब के जुनून–ओ–अ'क़्ल
सहरा[2] को शह्र शह्र को सहरा किए हुए

1 क्रियाशील 2 रेगिस्तान

जबीं[1] झुकाऊँ कहाँ अब कहीं ख़ुदा भी तो हो
मैं चाहता हूँ जिसे उस का सामना भी तो हो

1 ललाट

कोई आँसू कोई पानी कोई पीता है लहू
तिश्नगी[1] सब की अलग अपना मज़ा चाहती है

1 प्यास

ख़ाक के ज़ख़्म को पानी से रफ़ू[1] करते हैं
देख हम कितनी रवानी से रफ़ू करते हैं

1 सिलना, टाँका लगाना

कभी करते हैं रफ़ू ख़ून की इक धार से हम
और कभी अश्क–फ़िशानी[1] से रफ़ू करते हैं

1 आँसू टपकाना

कसरत–ए–ख़्वाब[1] से फट जाती हैं अक्सर आँखें
हम इन आँखों को कहानी से रफ़ू करते हैं

1 सपनों का बाहुल्य

देर तक एक जगह रहने से आ जाते हैं ज़ख़्म
तो उन्हें नक़्ल–ए–मकानी[1] से रफ़ू करते हैं

1 घर बदलना

हम वो बदबख़्त[1] मुहाजिर[2] हैं कि हिज्रत[3] के शिग़ाफ़[4]
मुस्तक़िल हिज्रत–ए–सानी[5] से रफ़ू करते हैं

1 अभागा 2 अपना देश छोड़ के जाने वाला 3 पलायन 4 सुराख़, छेद
5 पुनर्पलायन

संग–ए–एहसास[1] इधर आ कि रुला कर तुझ को
तिरा पत्थर तिरे पानी से रफ़ू करते हैं

1 एहसास का पत्थर

ग़ुरूर–ए–कातिब–ए–तक़्दीर[1] तोड़ डालते हैं
चलो ये आब्ला–ए–बख़्त[2] फोड़ डालते हैं

1 भाग्य लिखने वाले का घमंड 2 क़िस्मत का छाला

जो हम ने देखा उसे कोई और क्यों देखे
हम उस के जाते ही आईना तोड़ डालते हैं

रक़ीब हैं तिरे कूचे के सब सग–ए–दुनिया[1]
जो आ'शिक़ आता है उस को भंभोड़ डालते हैं

1 दुनिया के कुत्ते

बिगड़ने देते नहीं हम मोहब्बतों का हिसाब
मकान–ए–नफ़्अ'[1] ख़सारों[2] से तोड़ डालते हैं

1 फ़ायदे का मकान 2 नुक़्सान

करे जो एक भी नेकी तो उस के खाते में
हम अपनी नेकियाँ लाखों करोड़ डालते हैं

न बच रहे कहीं मा'नी[1] के नूर की कोई बूँद
हम अपना क़ाफ़िया इतना निचोड़ डालते हैं

1 अर्थ

हमारी नींद से हम को उठा नहीं पाते
ये ज़लज़ले[1] जो ज़मीं को झिंझोड़ डालते हैं

1 भूकंप

सिवाए इ'श्क़ किसी काम के नहीं एहसास
कोई भी काम दिया जाए गोड़[1] डालते हैं

1 ख़राब करना

कुछ इधर उधर से

पारसाओं[1] के लिए वज्ह–ए–ख़राबी[2] हैं बहुत
हम शराबी हम कबाबी हम शबाबी[3] हैं बहुत

1 धर्म के अनुरूप चलने वाला 2 ख़राबी का कारण 3 जवानी से भरपूर

सहरा[1] से भी ज़ियादा सहरा बना लिया है
दीवानगी को हम ने घर में बसा लिया है

1 रेगिस्तान

मैं के तुम होने की सूरत नहीं पैदा कर पाए
हम कभी इतनी मोहब्बत नहीं पैदा कर पाए

अपने इस होने पे कीजे ग़ौर[1] कुछ
आप हो सकते हैं क्या क्या और कुछ

1 चिन्तन

ख़ुदा ख़ामोश बन्दे बोलते हैं
बड़े चुप हों तो बच्चे बोलते हैं

सुनो सरगोशियाँ[1] कुछ कह रही हैं
ज़बाँ–बन्दी में ऐसे बोलते हैं

1 धीमी आवाज़ में बात करना

मोहब्बत कैसे छत पर जाए छुप कर
क़दम रखते ही ज़ीने बोलते हैं

नशे में झूमने लगते हैं मा'नी
तो लफ़्ज़ों में करिश्मे बोलते हैं

ये हम ज़िन्दों से मुम्किन ही नहीं है
जो कुछ मुर्दों से मुर्दे बोलते हैं

हम इन्सानों को आता है बस इक शोर
तरन्नुम में परिन्दे बोलते हैं

ख़मोशी सुनती है जब अपनी आवाज़
तो सीनों में दफ़ीने[1] बोलते हैं

1 गड़े हुए ख़ज़ाने

मैं पैग़ंबर नहीं हूँ फिर भी मुझ में
कई गुमसुम सहीफ़े[1] बोलते हैं

1 आस्मानी किताबें

यही है वक़्त बोलो फ़रहत एहसास
कि हर जानिब कमीने बोलते हैं

कुछ इधर उधर से

बदन में आ के हम इन्सान हो गए वर्ना
बदन बग़ैर हमें सब ख़ुदा समझते थे

शह्र का शह्र हमें देख रहा हो जैसे
इतने सूराख़[1] हमारे दर–ओ–दीवार[2] में हैं

1 छेद 2 दरवाज़े और दीवार

चेहरों पे था जो पर्दा वो अब दिल पे पड़ गया
महबूब हर तरफ़ हैं मोहब्बत कहीं नहीं

मोहब्बत तो हमेशा ख़्वाब की सूरत ही आती है
जिसे हम उ'म्र भर अपनी हक़ीक़त करते रहते हैं

आई थी पहले भी लेकिन ये जो अब आई है
साथ में तेरे, वो तन्हाई सी तन्हाई है

बदन बाँधे हुए साँसों की रहदारी[1] में रहते हैं
कि हम हर दम कहीं जाने की तय्यारी में रहते हैं

1 कॉरिडोर

न हों आँसू तो ये आँखें भली लगती नहीं हम को
सो अक्सर आप अपनी ही दिल–आज़ारी[1] में रहते हैं

1 दिल दुखाना

हमें मा'लूम है रौनक़ ये बाज़ारों की झूठी है
मगर फिर भी फ़रेब–ए–हुस्न–ए–बाज़ारी[1] में रहते हैं

1 बाज़ार के हुस्न का धोका

हम अह्ल–ए–इ'श्क़[1] फिर अह्ल–ए–हवस[2] से मात खा बैठे
वज़ीफ़ा–ख़्वार[3] बज़्म–ए–हुस्न–ए–दरबारी[4] में रहते हैं

1 इ'श्क़ वाले 2 हवस वाले 3 भत्ता पाने वाले 4 हुस्न के दरबार में

हमारे दिल तो हैं मसरूफ़[1] सरकारें गिराने में
बदन ता'मील–ए–अहकामात–ए–सरकारी[2] में रहते हैं

1 व्यस्त 2 सरकारी आदेशों का पालन

दबे हैं ख़ाक में कितने ही सूरज चाँद और तारे
सो हम अपनी ज़मीं की आस्माँ–कारी[1] में रहते हैं

1 आस्माँ बनाना

हमारी शाइ'री इक मुस्तक़िल होली का मौसम है
हज़ारो रंग इस लफ़्ज़ों की पिचकारी में रहते हैं

जनाब–ए–फ़रहत एहसास अब न शह्‌री हैं न सहराई[1]
मुसलसल दर्मियान–ए–ख़्वाब–ओ–बेदारी[2] में रहते हैं

1 वीराने में रहने वाला 2 नींद और जागने के बीच की हालत

कुछ इधर उधर से

अपने ख़िलाफ़[1] जंग का ए'लान कर दिया
इस जिस्म ने तो मुझ को परेशान कर दिया

1 विरुद्ध

देखा जो हम ने चाक–गरेबानियों[1] का हश्र[2]
फिर चाक को पलट के गरेबान कर दिया

1 दीवानगी, गरेबान फटा होना 2 नतीजा

शह्‌र रक्खेगा हमें यूँही जो तन्हा कर के
हम भी रख देंगे किसी दिन उसे सहरा[1] कर के

1 रेगिस्तान

हम को इस ज़ख़्म का मरहम नहीं लेना तुम से
ख़ुद ही दिखलाएँगे इक दिन इसे अच्छा कर के

हम अपने आप को अपने से कम भी करते रहते हैं
और इस नुक़सान पर बेकार ग़म भी करते रहते हैं

उठाते रहते हैं दिन रात दीवार–ए–वजूद[1] अपनी
मगर दीवार को थोड़ा सा ख़म[2] भी करते रहते हैं

1 अस्तित्व की दीवार, 2 टेढ़ा

हम उस के हुस्न का जादू भी चढ़ने देते हैं ख़ुद पर
और अपने आप पर कुछ पढ़ के दम[1] भी करते रहते हैं

1 मंत्र–जाप

हमें भी शह्‌र की रौनक़ बुला ले जाती है अक्सर
मगर हम शह्‌र की रौनक़ से रम[1] भी करते रहते हैं

1 भागना

हमें जब ख़ूब चढ़ जाता है नश्शा अपनी हस्ती का
तो इस नश्शे में हम रक़्स–ए–अ'दम[1] भी करते रहते हैं

1 ख़ुद को मिटा देने वाला नृत्य

ये आईना हमारे रू–ब–रू[1] जो कुछ भी करता है
वही सब आइने के साथ हम भी करते रहते हैं

1 सामने

कभी जब फ़रहत एहसास अपना अफ़साना सुनाते हैं
उसे अपनी हक़ीक़त का अ'लम[1] भी करते रहते हैं

1 झंडा

क्या सच–मुच आप मेरे पास आना चाहते हैं
या सिर्फ़ मेरे दिल को दहलाना चाहते हैं

सारी हक़ीक़तों[1] की शम्ओं की लौ कतर दो
अब लोग रौशनी का अफ़साना[2] चाहते हैं

1 सच्चाइयाँ 2 कहानी

आग़ोश–ए–वस्ल[1] अब भी कितनी रिवायती[2] है
शादी–शुदा बदन भी शर्माना चाहते हैं

1 मिलन के लिए खुली बाँहें 2 पारंपरिक

सब मस्जिदें गिरा कर सब मन्दिरों को ढा कर
हम इक शराब–ख़ाना[1] बनवाना चाहते हैं

1 मदिरालय

भर जाएँ सब पुराने ज़ख़्मों से कोई कह दे
कितने बहुत से ताज़ा[1] ज़ख़्म आना चाहते हैं

1 नए

हम कितना चाहते हैं अब तुझ से क्या बताएँ
चौबीस घंटे हर पल रोज़ाना चाहते हैं

पानी का बुलबुला भी कहते हैं आप इस को
फिर आप इस बदन को क्यों पाना चाहते हैं

एहसास फ़रहत अब हैं कल थे जो फ़रहत एहसास
दीवान[1] अपना उल्टा छपवाना चाहते हैं

1 काव्य संग्रह

कुछ इधर उधर से

एक बुत के भी बराबर नहीं अहलिय्यत–ए–कुफ़्र[1]
हम तुम्हें दाख़िल–ए–ईमान[2] नहीं कर सकते

1 काफ़िर होने की क्षमता 2 ईमान के दाएरे में लाना

हम अपने आप पे तेशा[1] चलाते रहते हैं
कि जू–ए–शीर[2] जो है कोहकन[3] के अन्दर है

1 कुदाल 2 दुध की नह्‌र 3 पहाड़ काटने वाला, फ़रहाद

ख़ुद को मुशाइ'रे में बेजान कर के लाओ
कहते हैं शाइ'री को आसान कर के लाओ

बैठी है अब मोहब्बत मालिक–मकान बन के
किस ने कहा था इस को मेहमान कर के लाओ

उसी सहरा के हम भी हैं जहाँ दीवाने जाते हैं
हक़ीक़त के तआ'क़ुब[1] में जहाँ अफ़्साने जाते हैं

1 पीछा करते हुए

दर–ओ–दीवार वाले तुम दुरून–ए–ख़ाना[1] वाले हम
सो तुम मस्जिद की जानिब जाओ हम मयख़ाने[2] जाते हैं

1 घर के अन्दर 2 शराब ख़ाना

उन्हें ये फ़िक्र उन के शहर की तौसीअ'[1] कैसे हो
मुझे तश्वीश[2] मेरे हाथ से वीराने जाते हैं

1 फैलाव, विस्तार 2 आशंका

हमारा दश्त क्या सरसब्ज़[1] है आब–ए–नदामत[2] से
कि सारे अह्ल–ए–शह्र[3] अक्सर वहीं पछताने जाते हैं

1 हरा–भरा 2 शर्मिन्दगी का पानी 3 शह्र वाले

वो मिट्टी का बदन है या कोई जादू की पुड़िया है
उसी लम्हे नहीं होता जब उस को पाने जाते हैं

वहीं शायद कोई अगली शनासाई[1] की महफ़िल हो
तो चल देते हैं हम भी जिस तरफ़ बेगाने[2] जाते हैं

1 जान पहचान 2 अपरिचित

अंधेरी रात थी बारिश थी और मस्जिद का दरवाज़ा
तो देखा फ़रहत एहसास एक दम मस्ताने जाते हैं

जिस्म के सब पैमाने[1] उल्टे हो जाते हैं
हम उस की आग़ोश[2] में बच्चे हो जाते हैं

1 मापढंड 2 आलिंगन

ख़ूब जुनूँ[1] करते हैं दिल दुखता है जब भी
और इस पागलपन में अच्छे हो जाते हैं

1 दीवानगी, इ'श्क़

वस्ल[1] से पहले ख़ून में नहलाती है मोहब्बत
झूठे भी हों जिस्म तो सच्चे हो जाते हैं

1 मिलन

मेरे बदन को क्या शौक़–ए–पस्मान्दगी[1] है
फल मेरे पक कर फिर कच्चे हो जाते हैं

1 पिछड़ेपन की लालसा

जीने की रफ़्तार है तेज़ और मरने की भी
सारे काम अब वक़्त से पहले हो जाते हैं

क़दम क़दम है इक आफ़त शराब पीते हैं
कि हम निजात[1] की सूरत शराब पीते हैं

1 छुटकारा

तमाम अह्ल–ए–सियासत[1] को ख़ून पीने दो
चलो हम अह्ल–ए–मोहब्बत[2] शराब पीते हैं

1 राजनीतिज्ञ 2 प्रेमी

जो ज़ह्र–ए–अ'क़्ल[1] बहुत पी रहे हैं शह्र के लोग
तो आ इधर मिरी वहशत[2], शराब पीते हैं

1 बुद्धि का विष 2 दीवानगी

हुई है ख़्वाब की मौत और कोई रोता नहीं
उठाओ जाम–ए–हक़ीक़त[1] शराब पीते हैं

1 सच्चाई का प्याला

नहीं बई'द[1] जो कल हम भी ख़ून पीने लगें
अभी यही है ग़नीमत[2] शराब पीते हैं

1 दूर होना 2 अच्छा

हम अपने शे'र में कुछ पहलू–ए–ज़म[1] डाल देते हैं
कोई टोके तो ज़म में और भी दम डाल देते हैं

1 अश्लीलता का पहलू

बहुत ऊँचे सुरों में बोलता है जब कोई हम से
तो हम ऊँचे सुरों में अपना मद्धम डाल देते हैं

सुलझने ही न देंगे हम कभी उस ज़ुल्फ़–ए–सरकश[1] को
सुलझने पर जब आती है तो फिर ख़म[2] डाल देते हैं

1 ज़िद्दी/विद्रोही बाल 2 उलझाव, टेढ़ापन

हमारे ज़ख़्म मरहम को समझते हैं ग़िज़ा[1] अपनी
सो हम ज़ख़्मों के आगे रिज़्क़–ए–मरहम[2] डाल देते हैं

1 भोजन 2 मरहम रूपी खाना

एक ग़ज़ल कहते हैं इक कैफ़िय्यत[1] तारी कर लेते हैं
यूँ दुनिया पर अगली चढ़ाई की तय्यारी कर लेते हैं
1 भाव

कितनी मोहब्बत करता है वो कैसे कहें गर पूछ ले कोइ
सो आ'दाद–ओ–शुमार[1] की ख़ातिर[2] ज़ख़्म–शुमारी[3] कर लेते हैं
1 आँकड़े 2 लिए 3 ज़ख़्मों की गिनती

उस के ख़्वाब उठाए नहीं उठते हल्की–फुल्की आँखों से
ऐसे में हम रातें जाग के पलकें भारी कर लेते हैं

बहुत ज़ियादा सेह्हत–मन्दी[1] एक तरह की बे–अदबी[2] है
उस से मिलने जाते हैं तो कुछ बीमारी कर लेते हैं
1 तन्दुरुस्ती 2 बद–तमीज़ी

जब भी लहू में रंग–ए–ख़िज़ाँ[1] की सख़्ती बढ़ने लग जाती है
चंद लब–ओ–रुख़्सार[2] बुला कर जश्न–ए–बहारी कर लेते हैं
1 पतझड़ का रंग 2 होंठ और गाल

सब्ज़ा–ए–जाँ[1] के हरा–भरा रहने की एक यही सूरत है
सूखा पड़ते ही आँखों की नहरें जारी कर लेते हैं
1 जीवन की हरियाली

इतना माल कहाँ कि दुकाँ बाज़ार–ए–मोहब्बत में ले पाएँ
छोटा–मोटा कारोबार–ए–तह–बाज़ारी[1] कर लेते हैं
1 अस्थाई कारोबार

आतिश–ए–शौक़[1] सिवा करने को मुंह फेरे रहते हैं उस से
हम से सादा–लौह[2] भी अक्सर ये हुश्यारी कर लेते हैं
1 चाहत की आग 2 सीधे–सादे लोग

नख़्ल–ए–उमीद[1] हरा हो जाता है अक्सर बारान–ए–करम[2] से
सो हम अक्सर उस के दर पर ख़ुद को भिकारी कर लेते हैं
1 उम्मीद का पौधा 2 कृपा की बारिश

वो सिर्फ़ एक के पास ही रह के चला जाए तो ख़ैर[1] नहीं है
रूह–ओ–बदन ऐसे मौक़ों पर मारा–मारी कर लेते हैं
1 भलाई

अफ़्सर–ए–दुनिया सख़्त सही फ़रहत एहसास हैं आख़िर हम भी
दफ़्तर में भी अपनी सी कुछ कार–गुज़ारी[1] कर लेते हैं
1 काम

आया ज़रा सी देर रहा ग़ुल[1], गया बदन
अपनी उड़ाई ख़ाक में ही रुल गया बदन

1 शोर

ख़्वाहिश थी आब्शार–ए–मोहब्बत[1] में ग़ुस्ल[2] की
हल्की सी इक फुवार में ही घुल गया बदन

1 मोहब्बत का झरना 2 नहाना

ज़ेर–ए–कमान–ए–दिल[1] था तो थोड़ी सी थी उमीद
अब तो हमारे हाथ से बिल्कुल गया बदन

1 दिल के अधीन

अब देखता हूँ मैं तो वो अस्बाब[1] ही नहीं
लगता है रास्ते में कहीं खुल गया बदन

1 सामान

मैं ने भी एक दिन उसे ताराज[1] कर दिया
मुझ को हलाक[2] करने पे जब तुल गया बदन

1 बर्बाद 2 मार डालना

BOOKS

रेख़्ता बुक्स से प्रकाशित

देवनागरी

1. क़श्क़ा खींचा दैर में बैठा	फ़रहत एहसास
2. अब मैं अक्सर मैं नहीं रहता	अनवर शुऊ'र
3. मौसम इतना सर्द नहीं था	ज़ुल्फ़िक़ार आ'दिल
4. खिड़की तो मैंने खोल ही ली	शारिक़ कैफ़ी
5. ग़ज़ल उसने छेड़ी (खंड 1,2,3,4,5,6)	संकलन: फ़रहत एहसास
6. गुलदस्ता-ए-क़व्वाली (खंड 1,2)	संकलन: सुमन मिश्र
7. सुब्ह-बख़ैर ज़िन्दगी	अमीर इमाम
8. अकेलेपन की इन्तिहा	जमाल एहसानी
9. सभी रंग तुम्हारे निकले	सालिम सलीम
10. तिरी सदा का इन्तिज़ार	ख़लीलुर्रहमान आ'ज़मी
11. इक शाम तुम्हारे हिस्से की	काशिफ़ ग़ाइर
12. रौशनी जारी करो	मनीष शुक्ला
13. लिफ़ाफ़े में रौशनी	मोहम्मद अ'ल्वी
14. होशियारी दिल-ए-नादान बहुत करता है	इ'रफ़ान सिद्दीक़ी
15. मिट्टी की सुंदरता देखो	सर्वत हुसैन
16. रेख़्ता उर्दू लर्निंग गाइड (अंग्रेज़ी, हिन्दी)	प्रो० अब्दुर रशीद
17. आख़िरी इ'श्क़ सबसे पहले किया	नो'मान शौक़
18. शाम के बा'द कुछ नहीं	शाहीन अ'ब्बास
19. गुलशन (उर्दू, देवनागरी)	मुज़्तर ख़ैराबादी
20. मोहब्बत जब नहीं होगी	आफ़्ताब हुसैन
21. किताब गुमराह कर रही है	शहराम सरमदी
22. जिस्म का बर्तन सर्द पड़ा है	अमीर हमज़ा साक़िब
23. ग़ज़ल का शोर	ज़फ़र इक़बाल
24. क़ाफ़िला-ए-नौ-बहार	संकलन: विकास शर्मा 'राज़'
25. मौज़ूद की निस्बत से	महेन्द्र कुमार सानी
26. दुख नए कपड़े बदल कर	शारिक़ कैफ़ी
27. लफ़्ज महफ़ूज कर लिए जाएँ	आ'सिम वास्ती

28. मोहब्बत करके देखो ना...	फ़रहत एहसास
29. उदासी बाल खोले सो रही है	नासिर काज़मी
30. मुझ पर मेरा साया पड़ गया	भारत भूषण पंत
31. रेख़्ता के ज़ौक़	संकलनः फ़रहत एहसास
32. रेख़्ता के दाग़	संकलनः फ़रहत एहसास
33. इ'श्क़	मोई'द रशीदी
34. फिर मुझे नींद आ गई	रईस फ़रोग़
35. हिज्र की दूसरी दवा	फ़हमी बदायूनी
36. 100 शाइ'र 100 ग़ज़लें	संकलनः फ़रहत एहसास
37. उदास लोगों का होना बहुत ज़रूरी है	तर्कश प्रदीप
38. रेख़्ता के नज़ीर	संकलनः फ़रहत एहसास
39. लॉकडाउन के दौरान मौत का ज़िन्दगी-नामा	प्रज्ञा शर्मा
40. गंजे फ़रिश्ते	सआ'दत हसन मंटो
41. मौत की किताब (नॉवेल)	ख़ालिद जावेद
42. सूरजमुखी का फूल	दिलावर अ'ली आज़र
43. ख़ामुशी रास्ता निकालेगी	धीरेन्द्र सिंह फ़य्याज़
44. रेख़्ता के मोमिन	संकलनः फ़रहत एहसास
45. रेख़्ता के आतिश	संकलनः फ़रहत एहसास
46. हमसे क्या हो सका मोहब्बत में	फ़िराक़ गोरखपुरी
47. शीशा-घर में तोड़-फोड़	संकलन: डॉ. मज़हर अहमद
48. रेख़्ता के इन्शा	संकलनः फ़रहत एहसास
49. अगर मैं शे'र न कहता	अ'ब्बास ताबिश
50. नुमाइन्दा कहानियाँ मंटो	सआ'दत हसन मंटो
51. नुमाइन्दा कहानियाँ प्रेमचंद	प्रेमचंद
52. नुमाइन्दा कहानियाँ राजिंदर सिंह बेदी	राजिंदर सिंह बेदी
53. उलट-पुलट का रोज़नामचा	पतरस बुख़ारी
54. नुमाइन्दा कहानियाँ कृष्ण चंदर	कृष्ण चंदर
55. उर्दू की प्रसिद्ध कहानियाँ	संकलनः राहुल झा
56. रंगों की मनमानी	वसीम नादिर
57. एक दिया और एक फूल	इ'शरत आफ़रीन
58. आवाज़ों का रौशनदान	कुलदीप कुमार

59. नुमाइन्दा कहानियाँ इन्तिज़ार हुसैन	इन्तिज़ार हुसैन
60. 100 शब्दों की कहानियाँ	मुबश्शिर अली ज़ैदी
61. यादों के कुछ ख़ाली पैकट	सुहेल आज़ाद
62. जनम जनम जुनूँ में हम	रियाज़ लतीफ़
63. बच्चों की कहानियाँ	अज़रा नक़वी
64. हज़ार दास्तान-ए-इश्क़	संजीव सराफ़

उर्दू

1. औराक़-ए-ख़िज़ानी	अहमद मुश्ताक़
2. आख़िरी पहर की दस्तक	शमीम हनफ़ी
3. वाहिमा वजूद का	सालिम सलीम
4. गुलशन	मुज़्तर ख़ैराबादी
5. आख़िरी किनारे पर	मोई'द रशीदी
6. ख़ामुशी रास्ता निकालेगी	धीरेन्द्र सिंह फ़ैय्याज़
7. हज़ार दास्तान-ए-इश्क़	संजीव सराफ़

अंग्रेज़ी

1. दीवान-ए-ग़ालिब : सरीर-ए-ख़ामा	नजीब जंग
2. लव लॉन्गिंग लॉस इन उर्दू पोएट्री	संजीव सराफ़
3. गोल्डन वर्सेज़ गोल्डन वॉइसेज़	संजीव सराफ़
4. फ़्रैगमेंट्स ऑफ़ बीइंग	अनु. सलीम क़िदवाई

संपर्क

रेख़्ता फ़ाउन्डेशन

बी-37, सेक्टर - 1, नोएडा, उत्तर-प्रदेश 201301

हमारी पुस्तकें **rekhtabooks.com** और amazon पर भी उपलब्ध हैं।